ये जो है जिंदगी···

ये जो है जिंदगी...

ओपरा विनफ्रे

प्र

प्रभात प्रकाशन

प्रकाशक • **प्रभात प्रकाशन प्रा. लि.**
4/19 आसफ अली रोड,
नई दिल्ली-110002

हिंदी संस्करण • 2025
अनुवादक • वीरेन वर्मा
मूल्य • तीन सौ पचास रुपए
मुद्रक • श्री साई प्रिंटर्स, साहिबाबाद

YE JO HAI ZINDAGI... (Hindi translation of 'What I Know For Sure')
by Oprah Winfrey ₹ 350.00
Published by Prabhat Prakashan, 4/19 Asaf Ali Road, New Delhi-2
by arrangement with Flatiron Books, USA
e-mail: prabhatbooks@gmail.com ISBN 978-93-5186-874-3

प्रस्तावना

यह कोई नई कहानी नहीं है, परंतु कम-से-कम उस पुस्तक के लिए, मैं समझती हूँ, उसे एक बार—और बस आखिरी बार दोहराने में कोई हर्ज नहीं। वर्ष था 1998, मैं 'शिकागो सन-टाइम्स' के महान् फिल्म समीक्षक जीन सिस्कल के साथ एक सजीव टी.वी. साक्षात्कार में फिल्म 'बीलव्ड' को प्रमोट कर रही थी और सबकुछ ठीक-ठाक चल रहा था, जब तक कि साक्षात्कार का सार प्रस्तुत कर उसे समेटने का समय न आ गया।

"आप बताइए," उन्होंने पूछा, "आप पक्के तौर पर क्या जानती हैं?"

अब यह मेरी पहली मुठभेड़ नहीं थी। पिछले कई वर्षों से मैंने बहुत सारे टेढ़े सवाल पूछे हैं—और वैसे ही सवाल मुझसे भी किए गए हैं; परंतु ऐसा बहुत बार नहीं हुआ है कि जवाब में मुझे कुछ न सूझा हो। परंतु मुझे कहना होगा कि उन महाशय ने मुझे अवाक् कर दिया था।

"कऽऽऽ क्या इस मूवी के बारे में?" अच्छी तरह से यह जानते हुए कि उनका आशय किसी महत्तर, ज्यादा गहरी, ज्यादा जटिल चीज से था, उन्हें तब तक रोके रखने—जब तक कि मुझे कोई ठीक-ठाक जवाब न सूझ जाए—के लिए मैंने हकलाते हुए कहा।

"नहीं।" उन्होंने कहा, "आप जानती हैं कि मेरा आशय क्या है—आपके, आपके जीवन के बारे में, किसी भी, सभी चीजों के बारे में...।"

"तो ठीक है, अँऽऽऽ पक्के तौर पर जानती हूँ कि...अँऽऽऽ मैं पक्के तौर

पर जानती हूँ कि मुझे इस बारे में सोचने के लिए कुछ समय चाहिए, जीन।''

खैर, सोलह वर्षों और भारी सिर-खपाई के बाद यह प्रश्न मेरे जीवन का केंद्रीय प्रश्न बन गया है। एक दिन की समाप्ति पर मैं पक्के तौर पर ठीक-ठीक क्या जानती हूँ?

मैंने 'ओ' मैगजीन के हर अंक में इस प्रश्न का उत्तर खोजा है। दरअसल 'मैं यकीनन एक चीज जानती हूँ,' मेरे एक मासिक स्तंभ का नाम है और यकीन कीजिए, अब भी ऐसे बहुतेरे मौके आते हैं, जब कोई जवाब आसानी से नहीं सूझता। मैं पक्के तौर पर क्या जानती हूँ? मैं बस, इतना जानती हूँ कि अगर एक और एडीटर यह सवाल करते हुए मुझे फोन करता, ई-मेल करता या इशारा भी करता है कि स्तंभ की इस महीने की किश्त कहाँ है? तो मेरे पास टिंबकटू जाकर गुमनामी में रहने के सिवा कोई चारा न होता।

परंतु ठीक उस समय, जब मैं सफेद झंडा दिखाकर यह चिल्लाने को उद्यत होती हूँ, 'बहुत हो चुका। मेरा दिमाग काम नहीं कर रहा! मैं कुछ नहीं जानती!' कुत्ता घुमाते हुए, चाय बनाते हुए या टब में लेटे हुए न जाने कहाँ से वह क्षण आ जाता है, जब मेरे सामने सबकुछ शीशे की तरह साफ हो जाता है और मैं भीतर तक महसूस करने लगती हूँ कि हाँ, मैं जानती हूँ और यह कि वहाँ संदेह की छाया तक नहीं है।

फिर भी, मुझे स्वीकार करना होगा कि जब उक्त स्तंभ के चौदह वर्षों के संकलन को दोबारा पढ़ने का समय आया तो मैं कुछ डरी हुई थी। क्या वह उस समय की हेयर स्टाइलों और पोशाकों में खींचे गए मेरे पुराने फोटोग्राफ्स को देखने जैसा होगा, जिन्हें उस फाइल में बंद करके छोड़ दिया जाना चाहिए था, जिसमें किसी समय अच्छे लगनेवाले फोटो रखे गए हों? मेरा मतलब है, उस समय आप क्या करेंगे, जब किसी जमाने के एक दिन आप जिस चीज को पक्के तौर पर जानते थे, वह आपकी वर्तमान सोच से मेल खा जाए?

अपने हाथ में एक लाल पेन और अपने पसंदीदा ड्रिंक का गिलास साइड टेबल पर रखकर मैंने उस संकलन को पढ़ना शुरू किया। और जैसे-जैसे मैं

पढ़ती गई, उन पंक्तियों को लिखने के समय मैं क्या-क्या करती थी, अपने जीवन के किस मुकाम पर थी—इन सब बातों के बिंबों का रेला लग गया। मुझे तत्क्षण याद आया कि कैसे मैं देर रात तक जागकर और जल्दी उठकर उस पर अपना सिर खपाती और अपने भीतर झाँककर देखती थी कि जीवन की महत्त्वपूर्ण बातों, जैसे—खुशी, फिर से खड़े होने की शक्ति, संभ्रम, संपर्क, कृतज्ञता और संभावना के बारे में मेरी समझ कितनी विकसित हुई है। मुझे यह रिपोर्ट करते हुए खुशी हो रही है कि अपने स्तंभ के चौदह वर्षीय जीवनकाल में मैंने अनुभव किया है कि जब आप कुछ जानते हैं, सचमुच कुछ जानते हैं, वह समय की कसौटी पर खरा उतरता है।

मुझे गलत न समझिएगा। आप जीवन जीते हैं और अगर आप दुनिया के प्रति ग्रहणशील हैं तो आप सीखते हैं। जहाँ मेरी मूलभूत सोच अब भी सशक्त बनी हुई है, मैंने उस लाल पेन से काटते-जोड़ते, कुछ पुराने सत्यों और कष्टों से अर्जित कुछ अंतर्दृष्टियों को पुनः आविष्कृत करते और विस्तार देते हुए यह कवायद पूरी की। तो रहस्योद्घाटनों से भरी मेरी निजी पुस्तक की दुनिया में आपका स्वागत है।

जैसे-जैसे आप मेरे उन सबके के बारे में पढ़ते जाएँगे, जिनमें मैं उलझी रही हूँ, जिन पर मैं रोई हूँ, जिनसे मैं भागती और घूम-फिरकर वापस आती रही हूँ, फिर जिनके साथ लंबे समय के बाद जिन्हें पक्के तौर पर जानने भी लगी थी। मुझे आशा है कि आप खुद से ठीक वही सवाल करना शुरू कर देंगे, जो जीन सिस्कल ने उतने वर्षों पहले मुझसे पूछा था। मैं जानती हूँ कि उस प्रक्रिया में आप जो कुछ पाएँगे, वह अद्भुत होगा; क्योंकि वह कुछ और नहीं—आप स्वयं होंगे।

ख़ुशी

जीवन को एक दावत की तरह लें।
बैठकर उसका आनंद लें।

—डेरेक वालकॉट

जब टीना टर्नर पहली बार मेरे शो पर आई थीं, मैं उनके साथ भागकर उनके शो में एक सहयोगी नृत्यांगना बनकर सारी रात नाचना चाहती थी। एक रात लॉस एंजेल्स में वह सपना सच भी हुआ, जब 'ओपरा विनफ्रे' टीना के साथ दौरे पर था। सिर्फ एक गाने के लिए सारा दिन रिहर्सल करने के बाद मुझे स्टेज पर आने का मौका मिला।

वह मेरे जीवन का सबसे कष्टप्रद एवं घबरा देनेवाला, साथ ही आनंददायक अनुभव था। पूरे 5 मिनट और 27 सेकंड में मुझे यह जानने का मौका मिला कि स्टेज पर झूमकर नाचना क्या होता है। मैंने अपने आपको कभी इतनी अटपटी या बेढंगी महसूस नहीं किया था। मुझे अब तक याद है कि मैं उस खास धुन के साथ सिखाए गए स्टेप्स की गिनती करते हुए कितना संकुचित महसूस कर रही थी।

तभी अगले ही पल मेरे मन में एक बात कौंधी—लड़की, कुछ ही देर में यह खत्म होने वाला है। अगर अब भी मैं मस्ती में नहीं नाचती तो सारा मजा किरकिरा हो जाएगा। मैंने अपने दिमाग को बैक गियर में लिया और सिखाए गए स्टेप्स, टर्न्स और किक को भूलकर बस नाचने लगी···व्हिऽऽऽयू!

कई महीनों बाद मैंने अपनी मित्र और सलाहकार माया एंजेलो से एक पैकेट प्राप्त किया। उसने कहा था कि वह मुझे एक ऐसा उपहार भेज रही थी, जिसे वह अपनी किसी भी बेटी को भेजना चाहेगी। जब मैंने पैकेट का आवरण फाड़कर उसे खोला तो मुझे उसमें ली एन वोमेक द्वारा गाए एक गाने की सीडी मिली, जिसे मैं अब भी बिना रोए मुश्किल से ही सुन सकती हूँ।

उस गाने, जिसमें जीवन के प्रति माया का नजरिया झलकता है, का मुख्य विचार उसकी इस पंक्ति में समाया हुआ है—अगर आपके पास विकल्प हो कि आप नाचें या उसे दूर से देखें तो मैं आशा करती हूँ कि आप नाचेंगी।

एक चीज, जो मैं पक्के तौर पर जानती हूँ, यह है कि हर दिन आपको यह अवसर देता है कि आप अपने जूते उतार फेंकें, एक गहरी साँस लें और डांसिंग फ्लोर पर कूद पड़ें—कुछ ऐसे पल जीने के लिए, जहाँ कोई रंज न हो और आपका मन अधिकतम हँसी-खुशी और मौज-मस्ती से भरा हो। आप या तो जीवन के रंगमंच पर साहस के साथ नृत्य कर सकते हैं और उस तरह से जी सकते हैं, जिस तरह आप जानते हैं कि आपकी अंतरात्मा आपको जीने के लिए प्रेरित कर रही है या आप दूर दीवार के साथ बैठकर भय और आत्म-संशय की काली छायाओं के दलदल में उतर सकते हैं।

यह विकल्प अब भी, इसी क्षण—एकमात्र क्षण, जो निश्चित रूप से आपको उपलब्ध है—आपके लिए खुला है। मुझे आशा है कि आप इन निरर्थक विचारों और कल्पनाओं में इतने उलझे हुए नहीं हैं कि आप सचमुच स्वयं का आनंद लेना भूल गए हैं, क्योंकि आपका यह कीमती पल बस गुजरने ही वाला है। मुझे आशा है कि भविष्य में किसी दिन आप आज को एक ऐसे दिन के रूप में याद करेंगे, जब आपने यह तय किया था कि आप हर दिन को एक यादगार दिन बनाएँगे; हर घंटे का इतना आनंद लेंगे, मानो दूसरा घंटा आएगा ही नहीं। और जब आपके पास नाचने और दूर बैठकर नाच देखने का विकल्प हो तो मुझे आशा है कि आप नाचेंगे।

□

जो चीजें मुझे आनंद देती हैं, उन्हें मैं गंभीरता से लेती हूँ। मैं अपना काम बहुत मेहनत से करती हूँ, फिर खुद को उतना ही अनवाइंड कर लेती हूँ; मैं जीवन की नैसर्गिक स्फूर्ति और उल्लास में विश्वास करती हूँ। मुझे खुश होने में ज्यादा समय नहीं लगता; क्योंकि मैं जो कुछ भी करती हूँ, अधिकांशत: मुझे उससे संतोष मिलता है। निश्चित रूप से कुछ संतोष दूसरों से ज्यादा मूल्यवान होते हैं और चूँकि मैं जो कुछ दूसरों से कहती हूँ, उस पर अमल भी करती हूँ, अर्थात् हर पल का मजा लेने के मामले में मुझे जो भी खुशियाँ मिल रही हैं, उनका सुर अधिकांशत: मेरी प्रकृति से मेल खाता है।

कितनी बार मैं अपने सबसे अच्छे मित्र गेल किंग के साथ फोन पर बातें करते हुए इतने जोर से हँसी हूँ कि मेरा सिर दुखने लगा। इस गमजदा दुनिया में कभी-कभी मैं सोचती हूँ कि क्या यह ईश्वर का उपहार नहीं है कि इतने वर्षों से रात में मुझे फोन करनेवालों में से कोई है, जो मुझे दुनिया की खट्टी-मीठी सच्चाइयाँ सुनाता है, जिन पर मैं देर तक ठहाके मारकर हँसती रहती हूँ। मैं उसे पाँच-सितारा आनंद कहती हूँ।

इस तरह के चार और पाँच-सितारा अनुभवों तथा उनकी रचयिता होने का बोध मुझे सौभाग्यशाली बना देता है। मेरे लिए सुबह-सुबह एक सही मनोदशा में जागना, फर्श पर अपने पैर रख पाना, बाथरूम तक चलकर जाना और नित्यकर्म निपटाना—ये सब पाँच-सितारा आनंद हैं। मैंने ऐसे लोगों की बहुत सी कहानियाँ सुनी हैं, जो इतने स्वस्थ नहीं हैं कि यह सब कर पाएँ।

बढ़िया बादाम-युक्त क्रीम के साथ कड़क गरम कॉफी का एक कप

चार-सितारे। चेन से आजाद कुत्तों के साथ जंगल की सैर—पाँच-सितारे। व्यायाम—एक-सितारा। अपने घर ओक के वृक्ष के नीचे बैठकर संडे न्यूजपेपर्स पढ़ना—चार-सितारे। एक बढ़िया पुस्तक—पाँच। क्विंसी जोन्स (एक मित्र) की किचन टेबल पर बैठकर हर तरह की, जिनमें बेमतलब भी शामिल हैं, बातें करना—पाँच-सितारे। दूसरों के लिए कुछ अच्छा कर पाना—पाँच-सितारे। आनंद का स्रोत है मदद पानेवाले के चेहरे पर उस मदद के पीछे छिपी भावना के एहसास की अभिव्यक्ति। मेरा प्रयास होता है कि मैं हर रोज किसी-न-किसी के लिए कुछ अच्छा करूँ, चाहे मैं उस व्यक्ति को जानती हूँ या नहीं। एक चीज, जो मैं पक्के तौर पर जानती हूँ, वह ये है कि ऊर्जा के आदान-प्रदान में आनंद छिपा है। जो कुछ आप देते हैं, वह लौटकर आता है। आपके आनंद का आधारभूत स्तर इससे तय होता है कि जीवन के प्रति आपका नजरिया क्या है।

20/20 (बाह्य) दृष्टि से ज़्यादा महत्त्वपूर्ण है आपकी अंतर्दृष्टि, आपकी अपनी नैसर्गिक मधुर प्रवृत्ति गरिमा के साथ आपके जीवन से छलके—यही आनंद है।

□

जिंदगी में खुशियों के खजाने भरे पड़े हैं, अगर हम उनकी कद्र करने के लिए कुछ क्षण निकालें। मैं उन्हें 'वाह' क्षण कहती हूँ और उन्हें अपने लिए पैदा करना मैंने सीख लिया है। उदाहरण के लिए, शाम 4 बजे की मसाला चाय का मेरा कप (गरमागरम मसाला चाय, जिस पर झागवाले बादाम मिल्क की परत हो—वह ताजगी देने वाली है और जो बाकी बची शाम तक मुझे चुस्त बनाए रखती है।) इस तरह के पल दमदार होते हैं, यह मैं पक्के तौर पर जानती हूँ। वे आपका रीचार्ज छोटा सा विश्राम, अपने आप से दोबारा जुड़ने का आपका अवसर बन सकते हैं।

□

'मजेदार', यह शब्द मुझे हमेशा से भाया है। इसके उच्चारण मात्र से ही मेरे मुँह में पानी आ जाता है। और एक मजेदार भोजन से भी ज्यादा मजेदार है एक मजेदार अनुभव—नारियल के परतदार बढ़िया केक की तरह स्वादिष्ट और बहुमूल्य। कुछ साल पहले अपने जन्मदिन पर मुझे ऐसे ही मजेदार केक और अनुभव दोनों का उपहार मिला था। वह उन पलों में से एक था, जिन्हें मैं ईश्वर की कृपा कहती हूँ—जब अचानक न जाने कैसे सारी चीजें पूरी तरह से आपके अनुकूल हो जाती हैं।

मैं मई में अपनी महिला मित्रों के एक समूह के साथ गपशप कर रही थी। मैं अभी-अभी भारत से वापस आई थी और अपने 58वें जन्मदिन पर अपने घर में एक छोटी सी पार्टी करना चाहती थी।

जैसा उस उम्र की महिलाएँ भी करती हैं, हम सब टेबल के इर्द-गिर्द बैठकर आधी रात तक बतियाती रहीं। मेरे जन्मदिन पर पाँच पुरुषों से लेकर आठ महिलाएँ सूक्ष्म कीटाणुओं के नाश तक सारे विषयों पर पाँच घंटों तक चले वार्त्तालाप से थकने के बावजूद अब तक देबल पर बैठी थीं। वार्त्तालाप के दौरान बहुत सारे हँसी-ठहाकों के साथ कुछ आँसू भी बहे थे। उस तरह की बातें, जो हम महिलाएँ तब करती हैं, जब हम सुरक्षित महसूस करती हैं।

दो दिन बाद मुझे प्रसिद्ध आध्यात्मिक गुरु रामदास का साक्षात्कार लेना था और संयोगवश मैं एक गाने की पंक्ति गुनगुना रही थी, जिसमें उनका नाम आता था।

तभी मेरी मित्र मारिया ने पूछा, "तुम यह क्या गुनगुना रही हो?"

"अहे, मेरे पसंदीदा गाने की एक पंक्ति।" उसने कहा, "मैं यह गीत जानती हूँ। मैं हर रात इसे सुनती हूँ।"

"ऐसा हो ही नहीं सकता।" मैंने कहा।

"वह सतनाम कौर नाम की एक महिला के एक एलबम से लिया अज्ञात गीत है।"

"हाँ!" मारिया ने कहा, "हाँ, वही तो! सतनाम कौर! हर रात सोने से पहले मैं उसका गीत सुनती हूँ। उसके संगीत के बारे में तुम कैसे जानती हो?"

"पेगी ने" एक और मित्र, जो हमारे साथ थी, ने कहा, "दो साल पहले मुझे एक सीडी दी थी और तभी से मैं उसे सुन रही हूँ। मैं हर रोज ध्यान करने से पहले उसे बजाती हूँ।"

अब हम दोनों ही चीख रही थीं और हँस रही थीं। "ऐसा हो ही नहीं सकता।"

"असल में, मैं सोच रही थी कि अपने जन्मदिन पर गाने के लिए उसे बुलाऊँ।" साँस थमने के बाद मैंने कहा, "तब मैं भारत गई, पर न उसमें बहुत परेशानी थी। अगर मैं जानती कि तुम भी उसे पसंद करती हो तो मैं और अधिक प्रयास करती।"

उस रात बाद में बिस्तर पर लेटे हुए मैंने सोचा कि क्या उसमें कुछ बात नहीं है। मैं अपनी मित्र के लिए कष्ट उठा सकती थी, पर अपने लिए नहीं। निश्चित रूप से मैं दूसरों को जो उपदेश देती हूँ, जिस चीज की मैं कद्र करती हूँ, उस पर मुझे अमल भी करना चाहिए। यह सोचते हुए कि काश, मैंने गाने के लिए सतनाम कौर को बुला लिया होता, मैं सो गई।

अगले दिन, अर्थात् मेरे जन्मदिन पर, आशीर्वाद देने के लिए हवाई से एक मीडिया मुगल पधारे थे। उस शाम हम सब सांध्यकालीन कॉकटेल्स के लिए पोर्च में एकत्र हुए थे। मेरी मित्र एलिजाबेथ अपनी जगह पर खड़ी हो गईं—मैंने सोचा, कोई कविता पढ़ने या छोटा सा भाषण देने के लिए बजाय वह बोलीं, "तुम चाहती थीं और अब वह तुम्हारे सामने हैं।" उसने एक छोटी

सी घंटी बजाई और तभी मधुर संगीत बजने लगा। बहुत धीमे स्वर में था, मानो स्पीकर्स काम न कर रहे हों। मुझे कुछ चिढ़ महसूस हुई 'यह हो क्या रहा है?' और लो, मेरे फ्रंट पोर्च से चली आ रही थीं सतनाम कौर—अपने सफेद साफे में। और उनकी संगीत मंडली भी! "यह कैसे हो गया?" मैं खुशी से चिल्लाई। मेरी आँखों में आँसू आ गए। मारिया, जो मेरी बगल में बैठी थी, की आँखें भी छलक आई थीं। उसने मेरा हाथ पकड़कर दबाया और आँखों-ही-आँखों में शांत रहने का आग्रह किया। "तुम अपने लिए यह नहीं करतीं, इसलिए हमने तुम्हारे लिए कर दिया।"

पिछली रात, जब मैं सोने के लिए चली गई थी, यह पता करके कि सतनाम कौर कहाँ थीं और क्या वे 12 घंटों में मुई पहुँच सकती थीं, मेरी मित्रों ने फोन किया था। उसे संयोग कहिए या ईश्वर की इच्छा कि सतनाम कौर और उनकी संगीत मंडली एक ऐसे शहर में थे, जो मुई से केवल 30 मिनट दूर था और एक संगीत समारोह की तैयारी कर रहे थे। और वे यहाँ आकर गाने के लिए स्वयं को सम्मानित अनुभव कर रही थीं।

वह मेरे जीवन के सबसे विस्मयजनक अनुभवों में से एक था। उसमें इतने अर्थ छिपे हुए थे, जिन्हें मैं अब तक समझने का प्रयास कर रही हूँ। हाँ, इतना मैं पक्के तौर पर जानती हूँ—वह एक पल था, जिसका मैं हमेशा रसास्वादन करती रहूँगी—यह तथ्य कि वह पल घटित हुआ, जिस तरह से वह घटित हुआ और यह कि वह मेरे जन्मदिन पर घटित हुआ। सबकुछ कितना मधुर, सुखद!

□

ऐसा पिछली बार कब हुआ था, जब अपने किसी मित्र के साथ हँसते-हँसते आपकी पसलियाँ दुखने लगी हों या अपने बच्चों को सिस्टर के हवाले कर आप पूरे सप्ताहांत के लिए कहीं दूर निकल पड़ी हों ? मेरे कथ्य से ज्यादा संगत यह सवाल होगा कि अगर आपका जीवन कल समाप्त हो जाए तो क्या न कर पाने का खेद आपको सबसे ज्यादा होगा ? अगर आज आपके जीवन का आखिरी दिन हो तो क्या आप उसे वैसे ही व्यतीत करेंगी, जैसे आज कर रही हैं ?

एक बार मैं एक ऐसे पोस्टर के पास से गुजरी, जिसने मेरा ध्यान आकृष्ट किया। उसमें छपा था—'जो व्यक्ति खिलौने के ढेर के साथ मरता है, वह अब भी मरा हुआ है।' कोई भी व्यक्ति, जिसने कभी मौत को नजदीक से देखा हो, बता सकता है कि अपने जीवन के अंत में आप संभवत: उन रातों को याद नहीं कर रहे होंगे, जो पूरी-की-पूरी आपने ऑफिस में काम करते बिताई हों और न म्यूचुअल फंड में जमा राशि को। जिस तरह के सवाल मन में आखिर तक मँडराते रहते हैं, वे 'काश' से शुरू होते हैं, जैसे 'मैं क्या बन गया होता, अगर अंतत: मैंने वह काम कर लिया होता, जो मैं हमेशा से करना चाहता था!'

अपनी नश्वरता का साहसपूर्वक सामना करने की क्षमता का उपहार उस एहसास की देन है; चूँकि आपको एक दिन मरना है, आपको उस समय (सही मायनों में) जीना होगा। जिंदगी की दौड़ में आप लड़खड़ाएँगे या चमकेंगे,

यह हमेशा आपके हाथों में है—आपके जीवन को प्रभावित करने में सबसे बड़ी भूमिका स्वयं आपकी है।

आपकी यात्रा उठकर बाहर निकलने और पूरी शिद्दत से जीने के चयन से शुरू होती है।

□

क्या कोई और चीज है, जिसे मैं अच्छे भोजन से भी ज्यादा प्यार करती हूँ ? ज्यादा नहीं है। स्वादिष्ट भोजन के मेरे सर्वोत्तम अनुभवों में से एक रोम के दौरे पर एक छोटे मगर बढ़िया रेस्तराँ में हुआ था, जो हमारी टेबल, जहाँ मेरी मित्र रहेगी, आंद्रे, गेल, उसकी बेटी कर्बी और मैं इटैलियन व्यंजनों का आनंद ले रहे थे, को छोड़कर इटैलियंस से भरा हुआ था।

उस दौरान एक पल आया था, जब हमारे इटैलियंस मेजबान एंजेलो की फरमाइश पर वेटरों ने हमारे सामने इतने सारे व्यंजनों का ढेर लगा दिया कि मेरा मन सचमुच हिलोरें मारने लगा था, जैसे गियर बदलने पर एक इंजन का हाल होता है। हमारे सामने प्रॉस्क्युटरों से भरी हुई जुकिनी (एक सब्जी), ताजे पके हुए टमाटरों जिन पर पिघलती हुई मोजरेला की परतें थीं और इतनी गरम कि आप चीज के छोटे-छोटे बुलबुले भी देख सकते थे, साथ ही सन् 1985 में ब्रू की गई सेसीकेया की एक बोतल और चुस्कियाँ ले-लेकर उसके मखमली पेय का स्वाद लेने के लिए टस्कन रेड वाइन की एक बोतल भी। ओ माय गॉड, वे वो पल थे, जिनकी याद मैं हमेशा सँजोकर रखूँगी।

क्या मैंने बताया कि उपर्युक्त सारी चीजों के बाद खुद को (उम्दा तरीके से बनाए गए) पास्ता-ए-फेगियोली के एक कटोरे और थोड़े से टिरामिसु की ट्रीट दी ? बिल्कुल, वह एक शानदार भोजन था। बेशक, अगले दिन मुझे कॉलोजियम के चारों ओर 90 मिनट तक दौड़ लगाकर उसकी भरपाई करनी पड़ी थी, पर वह कष्ट उस शानदार भोजन के बस एक निवाले के बराबर था।

बहुत सी चीजों में मेरा दृढ विश्वास है। जमकर खाने की अहमियत उनमें

से एक है। मैं पक्के तौर पर बस यह जानती हूँ कि एक भोजन, जिसे आप आनंद लेकर खाती हैं, दीर्घ और अल्पकालिक दोनों दृष्टियों से उस महज पेट भरनेवाले भोजन की तुलना में कहीं ज्यादा फायदा करेगा, जिसका आप अलमारी और फ्रिज के बीच कई चक्कर लगाकर जुगाड़ कर लेती हैं। उसके लिए मेरे मन में जानवरों के घास चरने जैसा इमेज आता है—आप कुछ खाना चाहती हैं, पर कुछ सूझता नहीं कि क्या खाएँ। अगर आपको चॉकलेट की चाह है तो उसकी बस एक बाइट आपको वह अनिर्वचनीय संतोष दे सकता है, जो दुनिया भर के गाजर, सेलेरी और स्किनलेस चिकन नहीं दे सकते।

इस तरह मैंने चॉकलेट का एक टुकड़ा—अधिकतम दो—खाना सीख लिया है और स्कार्लेट ओ' हारा की तरह अच्छी तरह से यह जानते हुए कि 'ऐसा ही एक और दिन कल भी आएगा' और यह भी कि जहाँ से वह टुकड़ा आया है, वहाँ और भी बहुत सी चॉकलेट्स हैं, मैं दृढता से अगला बाइट लेने से खुद को रोक लेती हूँ और मुँह में रखी चॉकलेट का मजा लेती हूँ। सिर्फ इसलिए कि फ्रिज में बहुत सी चॉकलेट रखी हैं, मुझे सारी चट कर जाने की जरूरत नहीं है। क्या अवधारणा है!

□

इस बात को दो दशकों से ज्यादा समय बीत चुका है, जब मैं बॉब ग्रीन से पहली बार टेलराइड, कोलराडो के एक जिम में मिली थी। उस समय मेरा वजन, अब तक का सबसे ज्यादा, 237 पौंड था। मैं अपने शरीर और खान-पान की आदतों को लेकर इतनी शर्मिंदगी महसूस करती थी कि मुश्किल से ही बॉब से नजरें मिलाकर बात कर पाती थी। मैं आशा के दूरवाले छोर पर खड़ी थी। मुझे बड़ी बेसब्री से एक कारगर समाधान की तलाश थी।

बॉब ने मुझसे जरूरी व्यायाम करवाए और एक ऐसी जीवन-शैली अपनाने के लिए प्रोत्साहित किया, जो स्वास्थ्यप्रद भोजन (उससे बहुत पहले, जब मुझे इसी नाम और मिशनवाले एक स्टोर का पता चला था) के इर्द-गिर्द निर्मित थी।

मैंने विरोध किया। 'स्वास्थ्यप्रद' खान-पान के कई संयोजन आए और गए, पर उनके बीच बॉब की एक सलाह हमेशा कायम रही—वही खाओ, जो तुम्हें चंगा रखे।

कुछ वर्ष पहले आखिर वह दिन आ ही गया, जब मेरे मुँह से खुशी की चीख निकली और मैंने अपनी सब्जियाँ खुद उगानी शुरू कर दी—और जो सांता बार्बरा स्थित मेरे घर के पिछवाड़े में सलाद पत्ते, टमाटर और (मेरी प्रिय) तुलसी की कुछ कतारों से शुरू हुआ था, वह अंततः मुई के एक बाकायदा फार्म में बदल गया। बागबानी में मेरी दिलचस्पी एक जुनून में विकसित हो गई। अपने छोटे से खेत में जामुनी रेडिकियो, विशालकाय केल (कमरसाग), जिसके पौधे मेरे घुटनों तक पहुँच गए थे और मूलियाँ, इतनी बड़ी जैसे बबून

बंदर के हाथ को देख-देखकर मैं एक विचित्र खुशी अनुभव करती थी; क्योंकि मेरे लिए वह एक वृत्त के पूरा होने जैसा था।

ग्रामीण मिसीसिपी, जहाँ मेरा जन्म हुआ था, में एक बगीचे का अर्थ था अस्तित्व बचाए रखना। नेशविले, जहाँ मैं बाद में रही थी, में मेरे पिता हमेशा हमारे घर के बगल में जमीन का एक टुकड़ा साफ करके उसमें कॉलर्ड ग्रीन्स, टमाटर, क्राउडर पीज और बटर बीन्स उगाया करते थे। आज वह मेरा प्रिय भोजन है; साथ में मक्के से बनी ब्रेड मिल जाए तो कहना ही क्या। परंतु जब मैं एक लड़की थी, मुझे ताजा उगाई गई सब्जियाँ खाने का महत्त्व समझ में नहीं आता था।

''हम स्टोर से खरीदा हुआ भोजन क्यों नहीं खा सकते, जैसे दूसरे लोग करते हैं ?'' मैं शिकायत करती। मैं अपनी सब्जियाँ विशालकाय जंगल, जौली घाटी, से चाहती थी—हो, हो, हो। अपने बगीचे की सब्जियाँ खाने से मैं खुद को गरीब महसूस करती थी।

अब मैं इस बात को पक्के तौर पर जानती हूँ कि ताजा सब्जियाँ मेरी पहुँच में होने से मैं कितनी भाग्यवान् थी—एक ऐसी चीज, जिसे आज का हर परिवार मानकर नहीं चल सकता।

ताजा सब्जियों के लिए ईश्वर, तुझे धन्यवाद।

एक ऐसे जीवन के लिए बीज बोने में मैंने कड़ी मेहनत की है, जिसमें मैं अपने सपनों का लगातार विस्तार कर सकूँ। उनमें से एक सपना है, सभी लोगों को ताजा भोजन-सामग्री—सीधे खेत से टेबल तक—उपलब्ध हो; क्योंकि बेहतर भोजन बेहतर जीवन का आधार है। हाँ बॉब, मैं इसे छपवा रही हूँ; तुम हमेशा सही थे।

□

मैं गेल किंग से सन् 1976 में मिली थी, जब मैं बाल्टीमोर के एक चैनल में न्यूज एंकर थी और वह एक निर्माण सहायक। हम दोनों ऐसी पृष्ठभूमियों से आते थे, जहाँ के लोगों का विरले ही एक-दूसरे से मेल-मिलाप होता था और निश्चित रूप से उनके बीच संबंध दोस्ताना नहीं थे। जिस दिन हम मिले थे, गेल ने सबको जता दिया था कि मेरे एंकर वुमन की ऊँचाई तक पहुँचने से उसे कितना गर्व था और मुझसे जुड़ी हुई टीम का हिस्सा होने से वह कितनी रोमांचित थी। तब से अब तक हमारे संबंध वैसे ही बने हुए हैं।

हम तुरंत ही दोस्त नहीं बन गई थीं। हम दोनों बस दो स्त्रियाँ थीं, जो एक-दूसरे के प्रति आदर रखती थीं और उनके चुने हुए रास्तों में मददगार थीं। तब भारी बर्फीली आँधी की एक रात गेल अपने घर न जा सकी, इसलिए मैंने उसे अपने घर ठहरने के लिए आमंत्रित किया। पर उसकी सबसे बड़ी समस्या क्या थी? अंडरवियर। वह उस तूफानी रात में 40 मील ड्राइव करके चेबी चेज, मेरीलैंड जाने के लिए कृतसंकल्प थी, जहाँ वह अपनी माँ के साथ रहती थी, ताकि वह साफ पैंटीज पहन सके।

''मेरे पास बहुत सी साफ अंडरवियर हैं।'' मैंने उससे कहा, ''तुम मेरी इस्तेमाल कर सकती हो, या हम बाहर जाकर खरीद सकते हैं।''

अंतत: एक बार मैंने उसे अपने घर आने के लिए कायल कर ही लिया और हम सारी रात बैठकर बातें करते रहे। तब से अपवाद स्वरूप कुछ अवसरों को छोड़कर, जब हम लंबी छुट्टियों में देश से बाहर गए हों, गेल और मैंने हर रोज बातें की हैं।

हम हँसते बहुत हैं—अधिकांशतः खुद को लेकर। उसने मेरी पदावनतियों, उन अवसरों, जब मुझे नौकरी से लगभग निकाल दिया गया था, यौन उत्पीडन और मेरी उम्र के बीसवें वर्ष, जब मैं खुद और डोरकेट के बीच फर्क नहीं कर पाती थी, के दौरान टेढ़े-मेढ़े और बिखरे संबंधों—सभी ने मेरी मदद की है। रात-दर-रात गेल ने कौन मुझसे लड़ा, किसने मुझसे झूठ बोला, किसने मेरे साथ गलत किया—इन सब से संबंधित मेरी ताजा दुःख भरी कहानियाँ सुनी हैं। वह हमेशा ब्योरों की माँग करती और उसमें इतनी शामिल हो जाती, मानो वह सब उसी के साथ हुआ हो। उसने कभी मेरा मूल्यांकन नहीं किया। फिर भी, जब-जब मैंने किसी पुरुष को मेरा इस्तेमाल करने दिया, वह अकसर कहती, ''वह बस, तुम्हारी सदाशयता को कुतर रहा है। मुझे आशा है कि एक दिन वह इतना गहरा कुतर लेगा कि तुम खुद देख पाओगी कि असल में तुम क्या हो—एक ऐसा व्यक्ति, जो खुश रहने का हकदार है।''

मेरी सारी विजयों—मेरे साथ जब भी कुछ अच्छा या महत्त्वपूर्ण घटित हुआ है—मैं व गेल सबसे ज्यादा बेलगाम ताली बजाने वाली रही हैं। (बेशक, मैं चाहे जितना पैसा कमा लूँ, वह अब भी चिंता करती है कि मैं बहुत ज्यादा खर्च कर रही हूँ।

''एम.सी. हेमर को याद करो।'' वह मुझे ऐसे झिड़कती है, मानो मैं उस प्रसिद्ध रेपर, जो दिवालिया हो गया था, का अनुसरण करने में बस एक खरीदारी पीछे हूँ।) और इतने बरसों के हमारे साथ में मैंने उसकी आँखों में एक पल के लिए भी कभी ईर्ष्या नहीं देखी। वह अपने जीवन से प्यार करती है। वह अपने परिवार से प्यार करती है। घटी दरों पर 'सेल' की चीजें खरीदने के लिए वह शहर में दूर-दूर तक दौड़ पड़ती है।

केवल एक अवसर पर उसने स्वीकार किया था कि वह मेरा स्थान लेना चाहती थी—उस रात जब मैंने स्टेज पर टीना टर्नर के साथ गाया था। वह, जो चर्च के आसन से भी एक सुर नहीं निकाल पाती, एक गायिका होने की खुशफहमी पाले हुए है।

गेल मेरे परिचित लोगों में सबसे भली औरत है—हर एक की कहानी में सच्ची दिलचस्पी रखनेवाली। वह इस तरह की व्यक्ति है, जो न्यूयॉर्क सिटी में एक टैक्सी ड्राइवर से पूछ सकती है कि क्या उसके बच्चे हैं। "क्या नाम हैं उनके?" जब मैं उदास होती हूँ, वह मेरा दर्द बाँटती है; जब मैं अपने फॉर्म में होती हूँ, आप निश्चित जानिए कि वह कहीं आस-पास ही होगी—औरों से ज्यादा खुश और ज्यादा जोर से खुशी जाहिर करते हुए। कभी-कभी महसूस करती हूँ कि गेल मेरा ही बेहतर हिस्सा है—वह हिस्सा, जो कहता है, 'चाहे इधर की दुनिया उधर हो जाए, मैं तुम्हारे साथ हूँ।' एक चीज, जो मैं पक्के तौर पर जानती हूँ, यह है कि गेल मेरी एक ऐसी मित्र है, जिस पर मैं आँखें मूँदकर भरोसा कर सकती हूँ। उसने मुझे सिखाया है कि वह खुशी क्या होती है, जब आपके पास कोई सच्चा दोस्त होता है और उसके लिए आप भी वही होते हैं।

□

एक साथ तीन पिल्ले खरीद लेना मेरे जीवन का सबसे स्मार्ट फैसला नहीं था। उनके छोटे-छोटे प्यारे चेहरों से आकर्षित होकर, उनकी गरम साँसों और पप्पी नं. 3 (लायला) के माथे की सफेद पट्टी पर मुग्ध होकर मैंने आवेगवश वह फैसला किया था।

फिर, रात के किसी भी समय उनके साथ उठ-उठकर मैंने कई हफ्ते बिताए। मैंने ढेरों उनकी गंदगी उठाई और उतनी छोटी उम्र में ही उन्हें घंटों प्रशिक्षित किया, ताकि वे अच्छी आदतें सीख सकें।

वह बड़ी मेहनत का काम था। मैं बहुत कम नींद ले पाती थी और तीनों को एक साथ मेरा कीमती सामान नष्ट करने से लगातार रोकते-रोकते मैं थक जाती थी। माय गॉड, क्या मेरे मन में इनसानी बच्चों की माँओं के प्रति एक नया आदर-भाव पैदा हो रहा था।

पिल्लों के प्रति वह सारा प्यार मेरे लिए मुसीबत बनने लगा था, इसलिए मुझे अपनी दिनचर्या में भारी फेर-बदल करना पड़ा। एक दिन, जब मैं उन्हें घुमा रही थी, खड़ी होकर उनकी उछल-कूद देखने लगी। वे एक-दूसरे पर गिरते पड़ते, पीछा करते, हँसते (जी हाँ, कुत्ते हँसते हैं) और खरगोश की तरह उछलते थे। वे खूब मौज कर रहे थे और उनकी क्रीडाएँ देख-देखकर मेरा पूरा शरीर शिथिल और मन प्रफुल्ल लग रहा था। एक नए जीवन ने पहली बार घास का एक भरा-पूरा मैदान देखा था। क्या अद्‌भुत दृश्य था।

हम सबको हर रोज ऐसे अद्‌भुत अनुभव का अवसर मिलता है, पर हमारी चेतना जड़ीभूत हो चुकी है। क्या कभी आप ऑफिस का काम खत्म

करके ड्राइव करके घर पहुँची हैं, सामने का दरवाजा खोला है और अपने आपसे पूछा है कि आप वहाँ कैसे पहुँचीं ?

एक बात मैं पक्के तौर पर जानती हूँ : मैं एक बंद जीवन—एहसास और अवलोकन से वंचित जीवन—नहीं जीना चाहती। मैं हर दिन एक ताजा शुरुआत करना चाहती हूँ, ताकि जितना संभव हो, अनुभवों को विस्तार दिया जा सके, हर स्तर पर आनंद अनुभव किया जा सके।

□

फायर प्लेस में जलाने की लकड़ियाँ करीने से जमा कर रखना मुझे बहुत पसंद है। लकड़ियों को ठीक से (पिरामिड स्टाइल में) जमा कर रखने और फिर एक जलती हुई लकड़ी का इस्तेमाल किए बिना उनसे उठती लपटों को देखकर मैं कितना कृतकृत्य महसूस करती थी! मैं नहीं जानती कि वह मेरे लिए इतना आह्लादकारी क्यों है, पर है। एक लड़की के रूप में मैं एक गर्ल स्काउट होने का सपना देखा करती थी; परंतु उसकी वरदी खरीदने के लिए पैसे नहीं होते थे।

फायर प्लेस में आग उस समय और भी अच्छी लगती है, जब बाहर मूसलधार वर्षा हो रही हो। और जब मैंने अपना काम खत्म कर लिया हो, अपनी इ-मेल चेक कर ली हों और पढ़ने के लिए तैयार हो गई हूँ, तब तो वह मुझे दुनिया की सबसे अच्छी चीज लगती है। मैं दिन भर में जो कुछ करती हूँ, वह सब मेरे पढ़ने के समय की तैयारी में होता है। मुझे एक बढ़िया-सा उपन्यास या संस्मरण दे दीजिए, कुछ चाय, एक आरामदायक जगह, जहाँ मैं उकड़ूँ होकर बैठ सकूँ और समझ लीजिए कि मैं स्वर्ग में हूँ। मैं किसी दूसरे व्यक्ति के विचारों में जीना पसंद करती हूँ। पुस्तकों के पन्नों से जो चरित्र जीवंत हो उठते हैं, उनकी खुशियों और गम में शामिल होकर मैं रोमांच अनुभव करती हूँ, भले ही उनकी और मेरी परिस्थितियों में भारी अंतर रहा हो। मैं न केवल यह अनुभव करती हूँ कि उन्हें जानती हूँ, बल्कि मैं खुद को भी बेहतर जानने लगती हूँ। गहरी समझ, सूचना, ज्ञान, प्रेरणा, शक्ति—एक अच्छी पुस्तक से इन सबके अतिरिक्त भी बहुत कुछ मिल सकता है। मैं इस

बात की कल्पना भी नहीं कर सकती कि पढ़ने के लिए जरूरी साधन के बिना मैं कहाँ और क्या होती। इतना तो निश्चित है कि 16 वर्ष की उम्र में मुझे रेडियो में मेरी पहली नौकरी नहीं मिलती! मैं नेशविले में डब्ल्यू.वी.ओ.एल. रेडियो स्टेशन देखने गई थी, तभी डीजे ने मुझसे पूछा, "क्या तुम अपनी आवाज टेप पर सुनना चाहोगी?" और उसने मुझे न्यूज कॉपी का एक पीस और माइक पकड़ा दिया।

"आपको उस लड़की को सुनना चाहिए।" उसने अपने बॉस से चिल्लाकर कहा। वहीं मेरा ब्रॉडकास्टिंग कॅरियर शुरू हो गया। कुछ समय बाद ही उस रेडियो स्टेशन ने मुझे समाचार-वाचक की नौकरी पर रख लिया। बरसों तक, जो सुनने के लिए राजी हो, उसे कविताएँ सुनाने और जो चीज हाथ लग जाए, उसे पढ़ने के बाद वह करने के लिए मुझे बेहद पसंद है, जोर से पढ़ना।

कभी पुस्तकें मेरे लिए पलायन का साधन हुआ करती थीं। अब एक अच्छी पुस्तक को मैं एक पवित्र रसपान समझती हूँ, अपनी मनपसंद जगह जाने का एक अवसर। वह समय बिताने का मेरा सबसे मनपसंद तरीका है। एक बात मैं पक्के तौर पर जानती हूँ कि पढ़ने से आप खुलते हैं। वह आपको हर उस चीज की दुनिया में ले जाता है, जो आपके दिमाग में समाए। पढ़ने में मुझे सबसे अच्छी बात क्या लगती है? वह आप में उच्चतर धरातल तक पहुँचने का सामर्थ्य पैदा करता है और उन पर चढ़ने का।

□

जीवन में मेरा प्राथमिक और सबसे जरूरी लक्ष्य है—आध्यात्मिक जगत् से जुड़े रहना। बाकी सारी चीजें अपने आप सध जाएँगी—यह मैं पक्के तौर पर जानती हूँ। और मेरा सर्वप्रथम आध्यात्मिक अभ्यास है वर्तमान पल में जीने का प्रयास करना···भविष्य की योजनाएँ बनाने और पूर्व में की गई भूलों पर पछताने से बचना···उस पल की शक्ति को अनुभव करना। वही मेरे मित्रो, आनंदमय जीवन का रहस्य है।

अगर हर कोई इस तरह से जीना याद रखे (जैसे बच्चे जीते हैं, जब वे इस ग्रह पर आते हैं; हम कठोर आत्माएँ जिसे मासूमियत कहते हैं) तो हम यह दुनिया बदल देंगे। खेलना, हँसना, आनंद अनुभव करना।

'बाइबिल' का मेरा पसंदीदा छंद—जब मैं आठ वर्ष की थी, तभी से—है साम्स 37.4। "ईश्वर में समाहित होने का आनंद ले और वह तेरी हर इच्छा पूरी करेगा।" अपने सभी अनुभवों के बीच यही मेरा मंत्र रहा है। ईश्वर—अच्छाई, दयालुता, संवेदना, प्रेम—में आनंद ले और देख, आगे क्या होता है।

इस राह पर चलकर तो दिखाएँ।

समुत्थान-शक्ति

"बर्न्स जल गया है। अब मैं चाँद देख सकता हूँ।"

—**मिजुता मसाहिदे**

(सत्रहवीं सदी के जापानी कवि)

इससे निरपेक्ष कि हम कौन हैं या किस पृष्ठभूमि से हैं, हम सबकी अपनी-अपनी यात्राएँ हैं। मेरी यात्रा सन् 1953 के अप्रैल महीने की एक दोपहर को ग्रामीण मिसीसिपी से शुरू हुई थी, जहाँ बिन ब्याहे जोड़े वर्नन विनफ्रे और वर्नित ली द्वारा मुझे कंसीव किया गया था। उस दिन उनका एकदा सहवास, जिसमें रोमांस बिल्कुल नहीं था, एक अनचाहा गर्भ ले आया और मेरी माँ ने उस दिन तक अपनी स्थिति छिपाए रखी। जिस दिन मेरा जन्म हुआ—इसलिए मेरे आगमन के लिए कोई भी तैयार नहीं था। मेरे लिए कोई बेबी शॉवर्स नहीं था, न मेरी माँ के चेहरे पर प्रत्याशा या हर्ष का कोई भाव था, जो मैं अपनी गर्भवती मित्रों, जो अपने फूले हुए पेट को कृतार्थ भाव से सहलाती हैं, के चेहरों पर देखती हूँ। मेरा जन्म पछतावा, छिपाव और शर्म के साए में हुआ था।

जब लेखक और परामर्शदाता जॉन ब्रैडश, जो इनर चाइल्ड की अवधारणा के जनक थे, सन् 1991 में दि ओपरा विनफ्रे शो में आए तो उन्होंने हमें एक गहन अभ्यास से गुजारा। उन्होंने हमसे अपनी आँखें बंद कर मन-ही-मन उस घर में जाने के लिए कहा, जिसमें हम बड़े हुए थे। 'और नजदीक जाओ।' उन्होंने कहा। खिड़की में से झाँककर भीतर देखो और खुद को घर के भीतर ही पाओ। आप क्या देख रहे हैं ? इससे महत्त्वपूर्ण यह कि आप कैसा महसूस कर रहे हैं। मेरे लिए वह एक अत्यधिक दु:खद, फिर भी सशक्त अभ्यास था। अपने विकास के लगभग हर चरण में मैंने खुद को अकेला महसूस किया था। बाहरी तौर पर अकेला नहीं—क्योंकि हर समय लोग आस-पास होते

थे—पर मैं जानती थी कि मेरी आत्मा का अस्तित्व मुझ पर ही निर्भर था। मैं महसूस करती थी कि अपने लिए हर चीज का प्रबंध मुझे खुद ही करना होगा।

एक लड़की के रूप में मुझे वह समय बहुत भाता था, जब चर्च के बाद लोगों की भीड़ हमारे (नानी के) घर आती थी। जब वे लोग चले जाते थे तो अपने नाना, जो सठिया गए थे और नानी, जो अकसर थकान से चिड़चिड़ी हो जाती थी—के साथ रहने की बात सोचकर मैं काँप उठती थी। आस-पास मीलों दूर तक और कोई बच्चा नहीं था, इसलिए मुझे अपने ही साथ रहना सीखना पड़ा। मैंने अकेले रहने के नए तरीके ईजाद किए। मेरे पास किताबें थी और घर में बनी गुड़ियाँ थीं, घर के काम थे और खेती में काम आनेवाले जानवर थे, जिन्हें मैं अकसर कोई नाम दे देती थी और उनसे बातें करती थी। मुझे विश्वास है कि अकेले गुजारा गया वह सारा समय उस वयस्क को परिभाषित करने में अहम था, जो मैं बनने वाली थी।

जॉन ब्रैडशॉ की खिड़की से अपने जीवन में दुबारा झाँकने पर मैं पाती हूँ कि जो लोग मेरे सबसे नजदीक थे, उन्होंने कभी महसूस नहीं किया कि मैं कितने मधुर स्वभाव की लड़की थी; परंतु मेरे साथ हुए इस व्यवहार ने मुझे शक्ति भी दी थी।

मेरी तरह शायद आपने भी उन चीजों का अनुभव किया होगा, जिनकी वजह से आप खुद को नाकारा समझते रहे हों। इतना मैं पक्के तौर पर जानती हूँ कि अतीत के जख्मों को भरना जीवन की सबसे बड़ी और सार्थक चुनौती है। यह जानना महत्त्वपूर्ण है कि आप कब और किस तरह प्रोग्राम किए गए थे, ताकि आप वह प्रोग्राम बदल सकें। और ऐसा करना किसी और की नहीं, खुद आपकी जिम्मेदारी है। इस ब्रह्मांड का एक अखंडनीय नियम है—हममें से प्रत्येक अपने जीवन के लिए स्वयं जिम्मेदार है। अगर आप अपनी खुशी के लिए किसी और को जवाबदेह ठहरा रहे हैं तो आप अपना वक्त जाया कर रहे हैं। आपको निस्संकोच अपने आपको वह प्यार देना चाहिए, जो आपको नहीं मिला है। इस बात पर गौर करना शुरू करें कि कैसे हर दिन आपके

विकास के लिए एक नया अवसर लेकर आता है। कैसे आप जो कुछ करते हैं (या नहीं करते), उसमें अचेतन रूप से अपने नाकारा होने का एहसास चला आता है। ये सारे अनुभव आपसे अपना अतीत पीछे छोड़कर स्वयं को संपूर्ण बनाने का आग्रह करने का जीवन का अपना तरीका है। बस, अपनी आँखें खुली रखिए। प्रत्येक विकल्प आपको अपना रास्ता बनाने का अवसर प्रदान करता है। आगे बढ़ते रहिए—पूरी रफ्तार से।

□

हम जो भी चुनौती स्वीकार करते हैं, उसमें इतनी शक्ति होती है कि वह हमें धराशायी कर दे। परंतु उसके झटके से भी ज्यादा घबरानेवाली बात है हमारा डर, कि हम उसे झेल नहीं पाएँगे। जब हमारे पैरों के नीचे से धरती खिसकती है तो आतंकित हो जाते हैं। हम जो कुछ जानते-समझते हैं, उसे भूलकर डर को हम जड़ बनाने देते हैं। यह विचार मात्र कि न जाने क्या होगा, हमारा संतुलन बिगाड़ने के लिए काफी है।

एक बात मैं पक्के तौर पर जानती हूँ कि भूकंप के झटकों से बचकर निकलने का एकमात्र तरीका है अपनी स्थिति और मुद्रा को समायोजित करना। आप रोज-रोज के झटकों से बच सकते हैं। जब तक जीवन है, वे आते रहेंगे। परंतु मेरा विश्वास है कि ये अनुभव ऐसे उपहार हैं, जो गुरुत्वाकर्षण के एक नए केंद्र की तलाश में हमें दाएँ या बाएँ खिसकने पर मजबूर करते हैं। उनसे लड़ें नहीं। अपने पैरों को समायोजित करने में उन्हें आपकी मदद करने दें।

संतुलन वर्तमान में रहता है। जब अपनी धरती खिसकने लगे, आप खुद को वर्तमान में लाएँ। अगला क्षण, जो कंपन लाएगा, उनसे आप तब निपटेंगे, जब वह पल आएगा। आप यह सोचें कि इस पल में आप अभी साँस ले रहे हैं, इस पल में आप बचे हुए हैं। इस पल में आप किसी ऊँची सतह पर पैर जमाने का रास्ता तलाश रहे हैं।

□

वर्षों तक मैं अपने सीने में एक राज छिपाए रही, जिसके बारे में लगभग कोई नहीं जानता था। यहाँ तक कि गेल, जो मेरे बारे में सबकुछ जानती थी, उसके बारे मैं तब तक नहीं जान पाई, जब तक हमारी मित्रता कुछ वर्ष पुरानी न हो गई। यही बात स्टेडमैन पर भी लागू होती है। मैंने यह बात तब तक छिपाई, जब तक कि मैंने उसे शेयर करने में पर्याप्त सुरक्षित महसूस नहीं किया। 10 से 14 वर्ष तक की उम्र के दौरान मेरे साथ हुआ यौन दुराचार, उसके परिणामस्वरूप मिली मेरी यौन स्वच्छंदता और अंततः 14 वर्ष की उम्र में मेरा गर्भवती हो जाना। मैं इतनी शर्मसार थी कि मैंने अपनी गर्भावस्था तब तक छिपाए रखी, जब तक मेरे डॉक्टर का ध्यान मेरे सूजे हुए टखनों और पेट पर नहीं गया। मैंने वर्ष 1968 में एक कन्या को जन्म दिया, जिसकी कुछ हफ्तों बाद अस्पताल में ही मृत्यु हो गई।

मैं दुबारा स्कूल जाने लगी और इस बारे में किसी को नहीं बताया। मेरा डर यह था कि अगर किसी को पता चल गया तो मैं स्कूल से निकाल दी जाऊँगी। इसलिए, यह डर हमेशा मन में लिये कि अगर किसी को पता चल गया कि क्या हुआ था, वे भी मुझे अपनी जिंदगी से निकाल देंगे, मैं उस राज को अपने भविष्य में ले गई। यहाँ तक कि जब मुझमें मेरे साथ हुए दुराचार को सार्वजनिक रूप से उजागर करने की हिम्मत आ गई, तब भी शर्म के कारण मैंने अपने गर्भवती होने की बात एक राज ही रखी।

जब परिवार के एक सदस्य, जिसकी मृत्यु हो चुकी है, ने यह कहानी समाचार-पत्रिकाओं को उजागर कर दी तो सबकुछ बदल गया। मैंने खुद को

बरबाद, घायल और धोखे की शिकार महसूस किया। वह व्यक्ति मेरे साथ ऐसा कैसे कर सकता है ? मैं रोती रही। मुझे याद है, रविवार की उस दोपहर को स्टेडमैन मेरे बेडरूम, जिसमें परदे लगाकर अँधेरा कर दिया गया था, में आया था। अपने सामने उसे खड़ा देखकर मुझे लग रहा था कि वह अभी रोया था। उसने कहा, ''मुझे बहुत खेद है। तुम इसकी हकदार नहीं हो।''

वह खबर सार्वजनिक होने के बाद उस सोमवार की सुबह, जब मैं किसी तरह खुद को घसीटकर काम पर ले गई, मैंने खुद को पिटी व डरी हुई महसूस किया। मुझे ऐसा लगा कि सड़क से गुजरता हर व्यक्ति मेरी तरफ इशारा करके चिल्लाएगा, ''चौदह साल की उम्र में गर्भवती। तू गिरी हुई लड़की··· हमारी जिंदगी से दूर हो जा!'' हालाँकि किसी ने एक शब्द भी नहीं कहा—न अजनबियों ने और न उन्होंने, जिन्हें मैं जानती थी। मुझे झटका-सा लगा। किसी ने मेरे साथ अलग तरह का व्यवहार नहीं किया। दशकों से मैं जिस प्रतिक्रिया की अपेक्षा कर रही थी, वह आई ही नहीं।

तब से मैंने दूसरों से कई बार धोखा खाया है—हालाँकि वह सीधे दिल पर चोट करता था, अब वह मुझे बिस्तर में मुँह छिपाकर रोने के लिए मजबूर नहीं करता। मैं कोशिश करती हूँ कि इसाइया 54:17 के शब्दों को कभी न भूलूँ—''तुम्हारे खिलाफ पैना किया गया कोई भी हथियार कारगर नहीं होगा।'' हर कठोर पल का एक सकारात्मक पक्ष होता है और मैंने समझ लिया कि अपना राज उजागर हो जाने से मैं आजाद हो गई थी। उसके उजागर होने तक मैं उसकी मरम्मत का काम शुरू नहीं कर सकती थी, जो किशोर अवस्था की एक लड़की की आत्मा पर लगा था। मैं समझ गई कि इतने वर्षों से मैं खुद को दोषी समझती आई थी। मैंने पक्के तौर पर यह सीखा कि शर्म को अपने सीने से लगाए रखना सबसे बड़ा बोझ था। जब आपके पास ऐसा कुछ नहीं है, जिसके लिए आप शर्मसार हों, जब आप जानते हो कि आप कौन हैं और आपके जीवन का मूल्य क्या है, आप बुद्धिमत्ता के पक्षधर हैं।

□

जब भी मुझे कोई मुश्किल फैसला करना होता है, मैं अपने आपसे पूछती हूँ—अगर मैं गलती करने पर अस्वीकार कर दिए जाने, दूसरे की नजरों में मूर्ख बन जाने या अकेली रह जाने से डरती न होती तो क्या करती? यह मैं पक्के तौर पर जानती हूँ कि जब आप इस डर को हटा देते हैं तो जिस जवाब की आपको तलाश थी, वह खुद-ब-खुद फोकस में आ जाएगा और जब आप, जो चीज आपको डरा रही है, उसका सामना करने के लिए निकल पड़ते हैं तो निश्चित जानिए कि आपकी भारी जद्दोजहद—अगर आप इच्छुक और खुले हैं तो—आप में बहुत शक्ति उत्पन्न करेगी।

□

क्या आपके साथ कभी ऐसा हुआ है कि आपने कोई पुरानी तसवीर देखी हो और तत्क्षण उस टाइम-फ्रेम में चले गए हों—यहाँ तक कि उस समय आपने जो कपड़े पहने थे, उनका भी एहसास होने लगा हो?

21 वर्ष की उम्र में खींचा गया मेरा एक फोटो है, जो मुझे ठीक यही एहसास कराता है। जो स्कर्ट मैंने पहनी थी, वह मुझे 40 डॉलर की पड़ी थी—कपड़ों के किसी एक मद पर मैंने इतना खर्च कभी नहीं किया था; परंतु किसी मशहूर हस्ती—उस केस में जेस जैक्सन—के साथ अपने पहले बड़े साक्षात्कार के लिए मैं वह करने के लिए इच्छुक थी। वे एक स्थानीय हाईस्कूल में विद्यार्थियों को संबोधित कर रहे थे—''मादक दवाई छोड़ो, आशा का दामन थामो।'—और मुझे उनका साक्षात्कार लेने का काम सौंपा गया था। मेरे समाचार निर्देशक उसे हमारे रेडियो स्टेशन के लायक नहीं समझते थे; परंतु उन्हें यह विश्वास दिलाते हुए कि मैं एक अनूठी चीज लेकर लौटूँगी, जो हमारे 6 बजे समाचार के काबिल होगी। और मैंने वह कर दिखाया।

मुझे लोगों से बात करके उनके अनुभव की सच्चाई निकालना और उसे एक सामान्य सिद्धांत के रूप में पेश करना—जो श्रोताओं का ज्ञान बढ़ाए, उन्हें प्रेरित और लाभान्वित करे—बहुत पसंद था।

अगर उस समय मैं वह जानती, जो मैं अब जानती हूँ, तो अपने चुने हुए रास्ते पर शक करने में एक मिनट भी जाया नहीं करती।

क्योंकि जब दिल, भावनाएँ, संपर्क और श्रोतागणों की बड़ी संख्या के सामने बोलने की बात आती है तो मेरा प्रदर्शन चमकदार होता है। मेरे और

जिनके साथ मैं संवाद कर रही हूँ, उनके बीच ऐसा कुछ हो जाता है कि मैं उन्हें महसूस कर सकती हूँ और मुझे पता चल जाता है कि हम समान वेवलेंथ पर हैं। ऐसा इसलिए होता है कि मैं यह पक्के तौर पर जानती हूँ कि जिन अनुभवों से मैं गुजरी हूँ, उन्हीं से वे भी गुजरे हैं—संभवतः मुझसे भी ज्यादा गहराई से। मैं जिससे भी बात करती हूँ, उससे इस तरह का भावनात्मक जुड़ाव इस एहसास में से आता है कि हम सब एक ही राह के राही हैं। हम सब वही चीज चाहते हैं—प्यार, खुशी और स्वीकृति। आप भले ही कैसी भी चुनौती का सामना कर रहे हों, हमेशा याद रखें कि जहाँ आपके जीवन के कैनवास को रोजमर्रा के अनुभवों, व्यवहारों, प्रतिक्रियाओं और भावनाओं से पेंट किया जा रहा है, वह आप हैं, जिसका ब्रश पर नियंत्रण है। अगर 21 वर्ष की उम्र में मैं यह बात जानती तो मैंने स्वयं को बहुत सारी मनोव्यथा और आत्मसंदेह से बचा लिया होता। यह समझाना एक रहस्योद्घाटन होता कि हम सब अपने जीवन के चित्रकार हैं—और हम जितने रंग व ब्रश स्ट्रोक्स चाहें, उतने इस्तेमाल कर सकते हैं।

□

मुझे हमेशा से अपने स्वतंत्र विचारों, अपनी ईमानदारी और दूसरों की मददगार होने का गर्व रहा है। परंतु गर्व और अहंकार के बीच एक पतली रेखा होती है और मैंने यह सीखा है कि सच्चाई जानने के लिए कभी-कभी आपको अपने अहंकार से बाहर आना पड़ता है। इस तरह, जब जिंदगी कठिन हो जाती है तो मैंने पाया है कि ऐसी स्थिति में अपने आप से एक साधारण सा सवाल पूछना सबसे अच्छा होता है; इस मामले में ऐसा क्या है, जो मुझे कुछ सिखा रहा है?

मुझे याद है कि सन् 1988 में जब मैंने 'ओपरा शो' का स्वामित्व पहली बार अपने हाथों में लिया था, मुझे एक स्टूडियो खरीदना और सभी निर्माताओं को नौकरी पर रखना पड़ा था। लाखों ऐसी बातें थीं, जो मैं नहीं जानती थी। उन आरंभिक वर्षों में मैंने ढेर सारी गलतियाँ की थीं (एक गलती तो इतनी बड़ी थी कि मुझे बाद में स्टूडियो की शुद्धि के लिए एक पुजारी को बुलाना पड़ा था।) सौभाग्यवश, मैं उन दिनों इतनी प्रसिद्ध नहीं थी। मैं उन गलतियों से सबक सीखकर निजी तौर पर आगे बढ़ पाई थी।

आज, मेरी सफलता की कीमत का एक हिस्सा यह है कि मेरे सबक सार्वजनिक हो जाते हैं। अगर मैं लड़खड़ाती हूँ तो लोग जान जाते हैं और कुछ दिनों तक उस सच्चाई के दबाव से मेरा मन चीखने को करता है। पर एक बात मैं पक्के तौर पर जानती हूँ; मैं चीखनेवालों में से नहीं हूँ। मैं अपने जीवन में उन अवसरों को अपने एक हाथ की उँगलियों पर गिन सकती हूँ—चार बार, जब मैंने वास्तव में किसी से ऊँची आवाज में बात की थी।

इसलिए, जब मेरा पारा चढ़ने लगता है, आम तौर पर मैं एक शांत स्थल पर चली जाती हूँ। एक बाथरूम बड़ा कारगर साबित होता है। मैं अपनी आँखें बंद करती हूँ, अपने भीतर प्रवेश करती हूँ, गहरी साँसें लेती हूँ, जब तक कि मुझे शांति—मेरे भीतर की वह छोटी सी जगह, जो ठीक वैसी ही है, जैसी आपके भीतर है, जो पेड़ों में और सभी चीजों में है—का एहसास नहीं होता। मैं तब तक साँसें लेती रहती हूँ, जब तक कि मुझे उस स्थल में विस्तारित होकर मुझे पूरी तरह भर देने का एहसास नहीं हो जाता। और अंततः मैं हमेशा खुद को वह करता हुआ पाती हूँ, जो चीखने से ठीक विपरीत है। इस अद्‌भुत अनुभव पर मैं मुसकराती हूँ।

मेरा मतलब है कि यह कितना आश्चर्यजनक है कि मिसीसिपी, जो उस समय रंगभेद का शिकार राज्य था, में मैं जनमी और पली-बढ़ी, जिसे टी.वी. देखने के लिए भी शहर जाना पड़ता था—निश्चित रूप से हमारे घर में भी टी.वी. नहीं था—आज वहीं हूँ, जहाँ मैं हूँ।

अपनी यात्रा में भले ही आप किसी मुकाम पर हों, पर मैं समझती हूँ कि चुनौतियाँ आपके सामने भी आती ही होंगी। उनके बाद भी संघर्ष जारी रखना, अगला कदम उठाने में समर्थ होना, यह जानते हुए कि शिखर अभी दूर है, जीवन रूपी पर्वत पर चढ़ते रहने की स्थिति में होना सचमुच एक वरदान है—और अनुभव एक महान् शिक्षक है।

□

हम सभी के जीवन में ऐसे पल आते हैं, जब हम जमीन पर पड़े धूल चाट रहे होते हैं, जहाँ से हमें उठना होता है और तभी हम समझ पाते हैं कि हम असल में क्या हैं। जब आपका विवाह असफल हो जाता है; एक नौकरी, जो आपको परिभाषित करती थी, छूट जाती है; जिन लोगों पर आपने भरोसा किया था, वे बुरे वक्त में साथ छोड़ जाते हैं, तो इसमें कोई शक नहीं कि आप अपनी स्थिति के बारे में जिस तरह से सोच रहे हैं, उसे बदलना स्थिति में सुधार की कुंजी है। एक बात मैं निश्चित तौर पर जानती हूँ कि हमारे मार्ग में आनेवाली सभी बाधाओं का कोई अर्थ है और उन चुनौतियों से सीखने के लिए खुद को खुला रखना सफल होने और गड्ढे में पड़े रहने के बीच का फर्क है।

□

जैसे-जैसे मेरी उम्र बढ़ रही है, मैं अपने शरीर में बदलाव महसूस करती हूँ। मैं चाहे जितनी कोशिश करूँ, पहले की तरह तेज नहीं दौड़ पाती; पर मैं आपसे सच कहूँ तो इससे मुझे कोई फर्क नहीं पड़ता। सभी चीजें बदल रही हैं—स्तन, घुटने और प्रवृत्ति। अब मुझे अपनी शांत प्रकृति पर अचंभा होता है। जो घटनाएँ पहले मुझे झिंझोड़कर रख देती थीं, अब मुझे असंतुलित भी नहीं करतीं। इससे भी बेहतर यह है कि अब मैं स्वयं के बारे में अच्छी समझ रखती हूँ, जो आम तौर पर जिंदगी भर के अध्ययन के बाद आती है।

मैंने कहा है कि मैं हमेशा से जानती थी कि जब स्टेज पर खड़ी होकर दुनिया भर के दर्शकों से बात कर रही थी, मैं ठीक उस जगह पर थी, जहाँ मुझे होना चाहिए था। वह सचमुच एक ऐसा स्थल था, जहाँ मेरा मन रमता था। परंतु यह ब्रह्मांड आश्चर्यों से भरा पड़ा था; क्योंकि मैं सीख रही हूँ कि जहाँ तक मन-माफिक स्थितियों का संबंध है, हम बस एक तक सीमित नहीं हैं। हमारी यात्राओं के विभिन्न मुकामों पर, अगर हम ध्यान दें तो, हमें वह गीत गाने को मिल ही जाता है, जिसे हम पूरे सुर में गाते हैं। हमने अब तक जो कुछ भी किया है और जो कुछ नियति हमसे करवाना चाहती है, उससे समस्वर हो जाता है, जो हम असल में हैं। जब ऐसा हो जाता है तो हम स्वयं को पूर्णतः अभिव्यक्त महसूस करते हैं।

मैं महसूस करती हूँ कि मैं अब उस दिशा में अग्रसर हूँ और आपके लिए भी मेरी यही कामना है।

मेरे सबसे बड़े सबकों में से एक इस बात को पूरी तरह समझना रहा है

कि सफलता की हमारी तलाश में जो कुछ हमें अँधेरी पट्टी जैसा नजर आता है, वह कुछ और नहीं, एक नई दिशा की ओर ब्रह्मांड का इशारा होता है। कोई भी चीज एक चमत्कार, एक वरदान, एक अवसर हो सकती है, बशर्ते आप उसे उस रूप में देखना चाहें। अगर सन् 1977 में बाल्टीमोर में 6 बजे के न्यूज रीडर के पद से मेरी पदावनति नहीं होती तो मेरा टॉक शो उस समय अस्तित्व में न आया होता, जो कि आया था।

जब आप बाधाओं को बढ़ा-चढ़ाकर नहीं देखते, आप उस मार्ग में विश्वास नहीं खोते, जो आपको वहाँ ले जाता है, जहाँ आप जाना चाहते हैं; क्योंकि एक बात मैं पक्के तौर पर जानती हूँ; आप जो कुछ बनने के लिए जनमे हैं, वह उसी में से विकसित होगा, जो आप ठीक इस समय हैं। इसलिए अपने सबकों, गलतियों और असफलताओं को भविष्य की सीढ़ियाँ समझना और सीखना इस बात के स्पष्ट चिह्न हैं कि आप सही दिशा में अग्रसर हैं।

□

मुश्किल हालात में मैं अकसर 'स्टेंड' शीर्षक के एक धार्मिक गान का सहारा लेती हूँ। उसमें गीतकार डॉनी मैकक्लर्किन गाते हैं—"तब आप क्या करते हैं, जब आप वह सब कर चुके हैं, जो आप कर सकते थे और फिर भी ऐसा लग रहा हो कि वह कभी भी पर्याप्त नहीं होगा? तब आप क्या देते हैं, जब आपने अपना सबकुछ दे दिया हो और फिर भी ऐसा लगता हो कि आप सफल नहीं हो पाएँगे? इनका उत्तर मैकक्लर्किन के उन सीधे-सादे शब्दों में निहित है—"आप बस खड़े रहते हैं।"

यहीं से हम शक्ति प्राप्त करते हैं—प्रतिकूलता का सामना कर उसके पार जाने की हमारी क्षमता। यह बात नहीं है कि जो लोग लक्ष्य का पीछा नहीं छोड़ते, कभी शंका, डर या थकान महसूस नहीं करते। वे अवश्य करते हैं। परंतु अपने सबसे कठोर पलों में हम यह विश्वास रख सकते हैं कि अगर हम अपनी मानी हुई क्षमता से एक कदम ज्यादा ले लें, अगर हम उस अविश्वसनीय संकल्प, जो हर इनसान के पास होता है, का दोहन कर लें तो हम वे गहनतम सबक सीख पाएँगे, जिन्हें जीवन हमारे सामने प्रस्तुत करता है।

एक बात, जो मैं पक्के तौर पर जानती हूँ, वह यह है कि चुनौती प्रतिकूलता, अवरोध और अकसर पीड़ा के बिना शक्ति नहीं है। वे समस्याएँ, जिनके कारण आप असहाय मुद्रा में हाथ उठाकर चीखना चाहेंगे, 'रहम'—आप में दृढता, साहस, अनुशासन और संकल्प पैदा करेंगी।

मैंने उस शक्ति पर भरोसा करना सीख लिया है, जो मुझे अपने वरिष्ठों से विरासत में मिली है—मेरी दादी-नानी, आंटियाँ, बहनें, भाई, जिन्हें अकल्पनीय

कठिनाइयों से गुजरना पड़ा था, फिर भी वे बच निकले थे। ''मैं अकेले ही चली थी, पर अब ऐसे खड़ी हूँ जैसे दस हजार हूँ।'' माया एंजेलो ने अपनी कविता 'अवर ग्रैंडमदर्स' में घोषणा की। अपनी जीवन-यात्रा में मैं अपने पूरे इतिहास को साथ लेकर चलती हूँ—वे सभी लोग, जिन्होंने मेरा मार्ग प्रशस्त किया है, मेरा हिस्सा हैं।

एक पल के लिए आपके अपने इतिहास पर गौर करें—न केवल यह कि आप कहाँ जनमे और पले-बढ़े थे, बल्कि उन परिस्थितियों पर, जिन्होंने आपको वहाँ तक पहुँचाने में योगदान दिया है, जहाँ ठीक इस समय आप हैं, मार्ग में वे कौन-कौन से पल थे, जिन्होंने आपको जख्मी किया या डराया हो? इसकी पूरी संभावना है कि ऐसे कई पल होंगे। परंतु जो चीज महत्त्वपूर्ण है, वह यह कि आप अब यहाँ खड़े हैं।

□

जुड़ाव

''प्रेम एक आवश्यक अस्तित्वात्मक सच्चाई है।
वह हमारी परम सच्चाई और इस धरती पर हमारा मकसद है।''

—मैरिएन विलियम्सन

इतने वर्षों में हजारों लोगों से की गई बातों ने मुझे दरशाया है कि एक इच्छा है, जिसे हम सब शेयर करते हैं; हम चाहते हैं कि हमारी कद्र की जाए। चाहे आप टोपेका में एक माँ हों या फिलाडेल्फिया में एक महिला व्यवसायी, हममें से हर एक अपने अंतर्मन में प्यार किए जाने, जरूरत महसूस किए जाने, समझे जाने, समर्थन पाने इत्यादि अंतरंग जुड़ाव, जो हमें अधिक जीवंत और मानवीय महसूस कराते हैं—की हसरत रखता है।

एक बार मैंने एक शो फिल्माया था, जिसमें मैंने विभिन्न आयु और पृष्ठभूमियों के सात लोगों का साक्षात्कार लिया था, जिन सभी में एक चीज समान थी; उन्होंने अपनी पत्नियों से छल किया था। वह मेरे सबसे दिलचस्प और बेबाक वार्त्तालापों में से एक था और मेरे लिए परम संतोष का एक विषय। मैंने समझा कि हम सब में खुद को सुने जाने, जरूरत महसूस किए जाने, महत्त्वपूर्ण समझे जाने की आकांक्षा इतनी प्रबल है कि हम उसकी पुष्टि की तलाश में रहते हैं, फिर वह हमें चाहे जिस रूप में मिल जाए। बहुत सारे लोगों—पुरुषों और स्त्रियों—के लिए प्रेम में पड़ना एक स्वीकृति है कि 'मैं सचमुच ठीक-ठाक (प्यार किए जाने के काबिल) हूँ।' जिन पुरुषों का मैंने साक्षात्कार लिया था, उनमें से एक जो 18 साल से शादीशुदा था, की सोच थी कि उसकी नैतिक संहिता थी, जो उसकी इश्कबाजी को झेल लेगी, ने अपनी प्रेमिका के बारे में कहा, "उसमें विशेष कुछ नहीं था। पर वह मुझे सुनती थी और महसूस कराती थी कि मैं कुछ स्पेशल हूँ।" यही मुद्दे की

बात है, मैंने सोचा—हम सब महसूस करना चाहते हैं कि किसी के लिए हम महत्त्व रखते हैं।

एक बढ़ती हुई लड़की, जो मिसीसिपी, नैशविले और मिलवाकी के बीच चक्कर लगाती रहती थी, के रूप में मुझे प्यार की अनुभूति नहीं हुई। मैंने सोचा कि अगर मैंने अपना कॅरियर बना लिया तो मुझे लोगों की स्वीकृति मिल जाएगी। फिर, अपनी उम्र के तीसरे दशक में मैं अपनी हैसियत इस कसौटी पर आँकने लगी कि क्या कोई पुरुष मुझसे प्यार करेगा? मुझे याद है कि एक बार मेरा पुरुष मित्र मुझे छोड़कर चला न जाए, इसके लिए मैंने उसकी कार की चाबी टॉयलेट में फेंक दी थी। मैं उस औरत से भिन्न नहीं थी, जिसका शारीरिक शोषण हुआ हो। हर रात मेरी पिटाई नहीं होती थी। परंतु मेरे पर कतरे हुए थे। मैं उड़ान नहीं भर सकती थी। कॅरियर के हिसाब से मैं काफी सुखद स्थिति में थी; पर बिना पुरुष के मैं खुद को जीरो समझती थी। बरसों बाद ही मैं समझ पाई कि जिस प्यार और स्वीकृति के लिए मैं तरसती थी, उसे मुझसे बाहर कहीं से पाया नहीं जा सकता था।

एक बात मैं पक्के तौर पर जानती हूँ कि अंतरंगता का अभाव किसी और से दूरी नहीं है; वह आपकी अपने प्रति उपेक्षा है। यह सच है कि हम सबको उस तरह के संबंधों की जरूरत है, जो हमें समृद्ध और जीवंत बनाए रखते हैं। अपने भीतर की उस आवाज को दबाने के लिए, जो हमेशा से आपके कानों में फुसफुसाती रही है, 'तुम्हारी कोई वकअत नहीं है,' अगर आप किसी की तलाश में हैं, जो आपके अधूरेपन को भर दे और आपको मन से स्वस्थ बना दे तो आप अपना समय जाया कर रही हैं। क्यों? इसलिए कि अगर आप पहले से ही अपने महत्त्व के बारे में नहीं जानती हैं तो भले ही आपके मित्र, आपका परिवार या आपके संगी-साथी आपके बारे में कुछ भी कहें, आपको अपने महत्त्व के बारे में पूरी तरह कायल नहीं कर सकेंगे। स्रष्टा ने आपको अपने जीवन की पूरी जिम्मेदारी दी है और उस जिम्मेदारी के साथ एक आश्चर्यजनक विशेषाधिकार भी आता है—अपने आपको वह

प्यार, स्नेह और अंतरंगता देने की शक्ति, जो शायद आपको बचपन में न मिली हों। आप ही अपनी सर्वोत्तम माँ, पिता, बहन, मित्र, चचेरी बहन और प्रेमी हैं और रहेंगी।

ठीक इस समय आप स्वयं को एक ऐसे व्यक्ति के रूप में देखने, जिसका जीवन नैसर्गिक रूप से महत्त्वपूर्ण है, से बस एक विकल्प दूर हैं—इसलिए जल्दी से स्वयं को उस तरह से देखने का विकल्प चुनिए। उस अतीत पर ध्यान केंद्रित करने में आपको एक पल भी जाया करने की जरूरत नहीं है, जिसमें आप उस स्वीकृति से वंचित रही थीं, जो आपको अपने माता-पिता से मिलनी चाहिए थी। हाँ, आप उस प्यार की हकदार थीं; परंतु अब यह आप पर है कि आप उस प्यार को खुद पर लुटाएँ और जिंदगी में आगे बढ़ें। इसका इंतजार न करें कि आपका पति आपसे कहे, "मैं तुम्हारी कद्र करता हूँ।" आपके बच्चे आपसे जल्दी कहें कि आप कितनी महान् माँ हैं, उस आदमी का, जो आपको जल्दी से एक ओर ले जाए और आपसे शादी कर ले या आपका सबसे अच्छा मित्र आपको विश्वास दिलाए कि आप कुछ खास हैं। अपने भीतर झाँकिए—प्यार आपसे ही शुरू होगा।

□

किसी भी संबंध की कुंजी है संप्रेषण। और मैंने हमेशा सोचा है कि संप्रेषण एक नृत्य की तरह है। एक व्यक्ति एक स्टेप आगे लेता है और दूसरा एक स्टेप पीछे। एक गलत स्टेप भी तज्जनित गड़बड़झाले से दोनों को धराशायी कर सकता है। और जब आप खुद को ऐसी स्थिति में पाते हैं—तो मैंने पाया है कि सर्वोत्तम विकल्प है उस दूसरे व्यक्ति से पूछना, "तुम यहाँ दरअसल चाहते क्या हो?" पहले-पहल आप थोड़ी झेंप महसूस करेंगे, फिर कुछ देर तक गला साफ करने की आवाज, हो सकता है, कुछ खामोशी भी। परंतु सही जवाब पाने के लिए अगर आप पर्याप्त समय तक चुप रहे तो मैं गारंटी से कह सकती हूँ कि वह निम्नलिखित से मिलता-जुलता ही होगा; मैं जानना चाहता हूँ कि क्या तुम मेरी कद्र करती हो।" अपनेपन और उसे समझने का हाथ बढ़ाएँ और वे सबसे महत्त्वपूर्ण पाँच शब्द, जो हममें से कोई भी सुनना चाहेगा, ऑफर करें—"मैं तुम्हें सुन रही हूँ।" मैं पक्के तौर पर जानती हूँ कि उससे आपके संबंध बेहतर ही होंगे।

□

मैं कभी भी एक सामाजिक व्यक्ति नहीं रही हूँ। मैं जानती हूँ कि अधिकांश लोगों को यह जानकर आश्चर्य हुआ होगा; परंतु किसी भी ऐसे व्यक्ति से पूछिए, जो मुझे अच्छी तरह से जानता हो और वह उस कथन की सच्चाई की पुष्टि करेगा। मैंने हमेशा से अपना खाली समय अपने और खास गिने-चुने मित्रों, जिन्हें मैं अपना विस्तारित परिवार समझती हूँ, के लिए रखा है। इससे पहले कि मुझे अचानक इस बात का एहसास हुआ कि मैं अपने एक हाथ की उँगलियों को गिन सकती हूँ, जब मैं किसी मित्र के घर गई या डिनर पर किसी से मिली हूँ या सिर्फ मौज-मस्ती के लिए बाहर गई हूँ, मैं बरसों तक शिकागो में रही थी।

अपने पिता का घर छोड़ने के बाद से मैं अपार्टमेंट्स में रही थी। ऐसे अपार्टमेंट, जहाँ मैं अकसर अपने फ्लोर पर दूसरों की तो छोड़िए, मेरे सामनेवाले फ्लैट में रहनेवाले व्यक्ति को जानने का भी समय नहीं निकालती थी। मैं अपने आपसे कहती थी कि हम सब इतने व्यस्त हैं। परंतु इस एहसास के कुछ समय बाद, 2004 में मैं कैलिफोर्निया में अपने प्लॉट पर बने घर—अपार्टमेंट नहीं, घर—में रहने चली गई और मेरे सामने एक पूरी नई दुनिया खुल गई। दुनिया के सबसे चहेते कुछ लोगों के साथ वार्त्तालाप करते हुए सार्वजनिक जीवन में बरसों गुजारने के बाद मैं अंततः सामाजिक बन गई। अपने वयस्क जीवन में पहली बार मैंने महसूस किया कि मैं एक समुदाय का हिस्सा थी। वॉन्स (डिपार्टमेंटल स्टोर) पहुँचाने के कुछ समय बाद जब मैं दाल-चावल, अनाज के हिस्से से अपनी कार्ट को छकिया रही थी कि एक अपरिचित

महिला ने मुझे रोका और बोली, ''हमारे मोहल्ले में आपका स्वागत है। हम सब यहाँ बहुत प्यार व खुशी से रहते हैं और आशा करते हैं कि आपको भी यहाँ आकर खुशी होगी।'' उसने यह बात इतनी निष्कपटता से कही कि मेरा मन रोने को करने लगा।

इस पल से मैंने अपनी जिंदगी का गेट बंद करने, जैसा इस शहर में बरसों से रहते हुए मैं करती आई थी, (यहाँ तक कि मैंने मित्रों का एक नया सर्कल बनाने की संभावना तक को नकारा था) के चलन को बंद करने का सोचा-समझा फैसला किया। अब मैं एक ऐसे मोहल्ले में रहती हूँ, जहाँ हर कोई मुझे जानता है और मैं उन्हें जानती हूँ।

सबसे पहले मेरे पड़ोस में रहनेवाले जो और जूड़ी, जिन्होंने घर में बनाए पिज्जा खाने के लिए मुझे आमंत्रित किया और कहा कि एक घंटे में वह तैयार हो जाएगा। बस, एक पल के लिए मैं हिचकिचाई। मैं अपनी तंग पैंट के ऊपर टी-शर्ट और बिना मेकअप के निकल पड़ी। देर दोपहरी तक मैं वहीं थी। एक अपरिचित के घर में बतियाना, जहाँ समान दिलचस्पी के कुछ विषय मिल गए थे, मेरे लिए एक बिल्कुल नया इलाका था—एक साहसिक अभियान। तब से मैं एबरक्रोंबीज, जो दो घर छोड़कर रहते हैं, के साथ चाय ले चुकी हूँ। बॉब और मेरिएन के अहाते में गरमागरम सींक-कबाब, बेरी और जेलिंडा के घर सामूहिक खर्चे से हुई पार्टी का आनंद ले चुकी हूँ··· जूलीज़ के यहाँ तरबूज और दूसरे फलों के मिले-जुले रस और सेलीज के रोज गार्डन में हुई पार्टी तो लाजवाब थी। मैंने एनेट एंड हेरॉल्ड्स में एक औपचारिक डिनर का आनंद लिया और मार्गज में गोश्त भूनने की एक प्रतियोगिता (जो मैं जीतने की अधिकारी थी, पर जीती नहीं थी) में भाग लिया। मैंने निकलसंस में सूर्यास्त देखते हुए ब्लैक-आइड पीजा खाया और अपने 50 पड़ोसियों के साथ रेटमंस के विशाल लॉन में टिमटिमाते सितारों के नीचे दावत का मजा लिया। मैं दो को छोड़कर सभी पड़ोसियों को नाम से जानती थी। इसलिए, इसमें कोई शक नहीं कि मैं बहुत ही सामाजिक बन गई थी।

और उसी वजह से मेरे जीवन में एक नया अप्रत्याशित रंग भर गया है। मैं सोचने लगी थी कि मैंने बहुत सारे दोस्त बना लिये थे। फिर भी, आश्चर्य की बात यह थी कि मैं संपर्क बढ़ाकर, नए लोगों को अपने सर्कल में शामिल कर आमोद-प्रमोद से भरे उस जीवन का विस्तार करना चाहती थी। इस अनुभव ने इस एहसास के साथ कि मैं एक बृहत्तर समुदाय का हिस्सा हूँ, मेरे जीवन को एक नया अर्थ दे दिया है। हैरत इस बात की है कि इससे पहले मैं जानती तक नहीं थी कि मेरे जीवन में ऐसा कोई अभाव था।

एक बात, जो मैं पक्के तौर पर जनती हूँ, यह है कि हर बात के पीछे कोई कारण होता है और उस अपरिचित महिला, जो किराने की वस्तुओं के उस स्टोर में इतने अपनेपन से मुझे मिली थी, ने मेरे भीतर के अवरोध को तोड़कर इस संभावना को जगा दिया था कि मैं इस नए मोहल्ले को अपना भावनात्मक संसार, न कि महज रिहायशी जरूरत बना सकती हूँ। मैं हमेशा से जानती थी कि मिल-बाँटकर जिया गया जीवन बेहतर होता है। परंतु अब मैंने समझ लिया है कि जब आप मिलने-जुलनेवाले लोगों का दायरा बढ़ा लेते हैं तो जीवन में मिठास और बढ़ जाती है।

□

हमें एक सच्चाई का सामना करना होगा। प्यार एक ऐसा विषय है, जिस पर बहुत कुछ बोला और लिखा जा चुका है—हलके-फुलके अंदाज में भी और बहुत नाटकीयता के साथ भी—उस हद तक कि वह क्या है और क्या नहीं है, उस बारे में व्यापक रूप से भ्रम बना ही रहता है। हममें से अधिकांश इसे देख नहीं पाते, क्योंकि इस बारे में हमारी कुछ अपनी पूर्व धारणाएँ हैं कि वह क्या है (यह माना जाता है कि वह आपको झिंझोड़ देता और बेसुध कर देता है) और कैसा दिखना चाहिए (एक लंबे, छरहरे, हाजिर जवाबी, मोहक पैकेज में)। इसलिए, अगर प्यार हमारी अपनी कल्पना के अनुसार उस तरह से सजे-धजे रूप में प्रकट नहीं होता, हम उसे पहचान नहीं पाते हैं।

परंतु यह मैं पक्के तौर पर जानती हूँ कि प्यार हमारे चारों ओर व्याप्त है। आप जीवन के किसी भी मुकाम पर हों, प्यार करना और किया जाना संभव है। प्यार सभी स्वरूपों में विद्यमान है। कभी-कभी मैं घर के सामनेवाले अहाते में टहलती हूँ तो महसूस करती हूँ, जैसे वहाँ लहराते पेड़ प्यार बिखेर रहे हों। वह हर समय उपलब्ध है। बस, आपकी चाहत की दरकार है।

मैंने बहुत सारी स्त्रियाँ (जिनमें मैं भी शामिल हूँ) देखी हैं, जो इस विश्वास में कि जब तक उन्हें कोई ऐसा पुरुष नहीं मिल जाता, जो उनके जीवन को पूर्ण बना दे, वे अपूर्ण हैं। वे रोमांस के विचार मात्र से रोमांचित हो उठती हैं। इस बारे में आप गहराई से सोचें तो क्या आपको यह एक बेतुकी धारणा नहीं लगेगी? आप अकेली भी एक संपूर्ण व्यक्ति हैं। और अगर आप स्वयं को अपूर्ण महसूस करती हैं तो आप ही को अपने खाली, चकनाचूर दिल

को प्यार से भरना होगा। जैसा कि राल्फ वैल्डो इमर्सन ने कहा है, "आपके मन में कोई भी या कुछ भी शांति नहीं ला सकता—सिवाय आपके।"

मैं उन पलों को कभी भूल नहीं पाऊँगी, जब एक ड्रॉअर की सफाई करते हुए 12 पृष्ठ मेरे हाथ लग गए थे और मेरा दिल धक से रह गया था। वह एक प्रेम-पत्र था, जिसमें मैंने अपना सबकुछ उँड़ेल दिया था और उस व्यक्ति को लिखा था (पर, थैंक गॉड, कभी भेजा नहीं था), जिसके साथ मैं डेट पर जाती थी। उस समय मैं 29 साल की थी और उस आदमी के प्यार में पागल थी। ललक और रिरियाने से भरे वे 12 पृष्ठ इतने दयनीय थे कि मैं उस 'मैं' को पहचान नहीं पाई। यद्यपि मैं 15 साल की उम्र से अपने कागजात और पत्र-पत्रिकाएँ सँजोकर रखती आई हूँ, प्यार के बारे में जो कुछ मैं तब सोचती थी, उसके साक्षी उस पल को रखने का मेरा कोई इरादा नहीं था। मैं कभी उतनी दयनीय और अपने आपसे कटी हुई रही थी, इसका मैं कोई लिखित अभिलेख नहीं चाहती थी।

मैंने बहुत सारी स्त्रियाँ देखी हैं, जो उन्हीं पुरुषों पर जान देती हैं, जो उन्हें जरा भी महत्त्व नहीं देते। मैंने इतनी सारी स्त्रियाँ देखी हैं, जो रोटी के चंद टुकड़ों पर गुजारा करने के लिए तैयार हो जाती हैं। परंतु मैं अब जानती हूँ कि सच्चे प्यार से बना संबंध एक सुखद एहसास देता है। उससे आपके जीवन में खुशी आनी चाहिए—केवल कुछ समय के लिए नहीं, जीवन के अधिकांश भाग के लिए। वह कभी भी आपको बेजुबाँ बनाने, आपका आत्मसम्मान और गरिमा खोने की शर्त पर नहीं होना चाहिए। और चाहे आप 25 की हों या 65 की, उसका अर्थ यह होना चाहिए कि आप अपने भीतर का सबकुछ अपने प्रिय पर उँड़ेल दें और बदले में पहले से भी ज्यादा मालामाल हो जाएँ।

□

रूमानी प्यार प्रेम का एकमात्र स्वरूप नहीं है, जिसकी चाहत होनी चाहिए। मैं बहुत सारे लोगों से मिली हूँ, जो किसी के प्यार में पड़ जाने की हसरत रखते हैं, अपने रोजमर्रा के नीरस जीवन से छुटकारा पाकर रोमांस का अमृत पीना चाहते हैं। सभी के चारों ओर बच्चे, पड़ोसी, मित्र और अपरिचित लोगों का जमघट है और वे सब भी किसी के साथ जुड़ना चाहते हैं। अपने चारों ओर नजरें दौड़ाइए और ध्यान दीजिए—हर तरफ संभावनाएँ हैं।

दूसरी ओर, अगर आप प्यार के समंदर में छलाँग लगाने की हिम्मत नहीं रखते तो आप फर्स्ट गियर से शुरू कर सकते हैं; सहानुभूति प्रकट कीजिए और बहुत समय बीतने से पहले आप किसी गहरे अनुभव से गुजरेंगे। जल्द ही आप दूसरों को समझ के सहानुभूति केयरिंग और—जो मैं पक्के तौर पर जानती हूँ—प्यार के दिव्य उपहार ऑफर करने लगेंगे।

□

संकट के समय जिस तरह लोग आपका हौसला बढ़ानेवाले शब्दों के साथ आपके पास आते हैं, उससे मुझे हमेशा से सुखद आश्चर्य होता रहा है। मेरे जीवन में ऐसे पल आए हैं, जब मैं पूरी तरह से टूट और बिखर गई थी—हम सभी के जीवन में आते हैं; परंतु अपने मित्रों, जिन्होंने मुझसे पूछा है, 'क्या मैं तुम्हारे लिए कुछ कर सकता (ती) हूँ?'—बिना यह जाने कि इतना पूछकर वे पहले ही मेरी मदद कर चुके हैं, के सौजन्य और प्यार ने मुझे टूटने नहीं दिया है। मेरे कठोर क्षणों में उन लोगों, जिन्हें मैं अच्छी तरह से जानती थी और वे भी, जिनसे मैं कभी नहीं मिली थी, उन्हें मेरे सामने मदद का पुल बनाकर खड़ा कर दिया था।

मैं उस अनुभव को कभी नहीं भूलूँगी, जब कुछ वर्ष मुझे कुछ ज्यादा ही गंभीर आघात लगने के बाद अप्रत्याशित रूप से मेरे मित्र बेबे विनांस ने मुझे रोक लिया था। "तुमसे एक बात कहने के लिए आया था।" उसने कहा। और उसने वह गीत गाना शुरू कर दिया, जो वह जानता था कि मेरा प्रिय धार्मिक गीत था—'मैं सबकुछ तेरे अर्पण करता हूँ। सबकुछ, ओ मेरे तारनहार, तुझको अर्पित है।'

मैं आँखें बंद किए शांत बैठी रही और उस मधुर गीत और गानेवाले के प्यार के अमृत का पान करती रही। जब उसने गाना खत्न किया, मैंने महसूस किया कि मुझ पर से सारा दबाव हट गया है। मैं जैसी थी, जिन हालात में भी, संतुष्ट थी। और हफ्तों बाद मैंने सच्ची शांति का अनुभव किया था।

जब मैंने अपनी आँखें खोलीं और आँसू पोंछे, मैंने देखा कि बेबे का चेहरा

खुशी से चमक रहा था। वह अपने चिर-परिचित लाउड अंदाज में हो-हो करके हँसने लगा और उसने आगे बढ़कर मुझे गले लगा लिया। "लड़की," उसने कहा, "मैं तुम्हें बस, यह याद दिलाने आया था कि उतना सारा बोझ तुम्हें अकेले नहीं उठाना पड़ेगा।"

यह जानना कि उस दौरान, जब आपके साथ कुछ भी अच्छा नहीं हो रहा है, लोग आपके लिए चिंतित हों कि आप उससे कैसे निपट रहे हैं—यही तो प्यार है। यह पक्की बात है कि यह जानकर मैं स्वयं को खुशनसीब महसूस करती हूँ।

□

मैं समझती थी कि मैं दोस्ती के बारे में बहुत कुछ जानती थी, जब तक कि मैंने गेल किंग के साथ एक चेवी इंपाला गाड़ी में पूरे देश में घूमते हुए 11 दिन नहीं गुजारे थे। हम तभी से अच्छी सहेलियाँ थीं। जब हम बीस-बाईस की रही होंगी। हमने बुरे वक्त में एक-दूसरे की मदद की है, छुट्टियाँ साथ बिताई हैं और मेरी मैगजीन में साथ-साथ काम किया है। फिर भी, दोस्ती के कुछ सबक सीखने बाकी थे।

वर्ष 2006 में मेमोरियल डे पर हम 'सी द यू.एस.ए. इन ए शेवर्लेट' नामक स्कीम के तहत सैर पर निकल पड़े। आपको बरसों पहले मीडिया में आए इस स्कीम से संबंधित विज्ञापन याद हैं? मुझे तो हमेशा से वह बड़ा ही खूबसूरत आइडिया लगा था। जब हम केलिफोर्निया स्थित मेरे घर से निकले, हम जोर-जोर से उसी विज्ञापन की जिंगल कर रहे थे और हँसी-मजाक कर रहे थे। तीन दिनों बाद एरीजोना के हॉलब्रूक और उसके आसपास घूमते हुए वही ट्यून गुनगुनाहट में बदल गई थी। और पाँच दिनों बाद लामर, कोलोराडो पहुँचने तक हम उसे गाना पूरी तरह बंद कर चुके थे।

वह ट्रिप काफी थका देनेवाली थी। हर रोज छह, फिर आठ, फिर दस घंटों तक एक लंबी, अनदेखी सड़क और खँडहरों को खाक छानते रहते थे। जब गेल ड्राइव करती थी, वह लगातार म्यूजिक प्ले किए जाने की माँग करती थी। मैं शांति चाहती थी। ''यह अपने विचारों में डूबी अकेली रहना चाहती है।'' एक स्थायी मजाक बन गया था। वह घंटों तक ऊँची आवाज में गाती रहती थी। तब मैंने समझा कि ऐसी कोई धुन नहीं थी, जिसे वह न

जानती हो (लगभग हर गाने को वह अपना प्रिय गाना बताती थी)। उसका लगातार लाउड म्यूजिक सुनना या गाना मेरे लिए जितना तकलीफदेह था, उसके लिए उतनी ही तकलीफदेह वह खामोशी थी, जो मेरे ड्राइव करते समय छाई होती थी। मैंने धीरज रखना सीख लिया। और जब उससे काम न चला तो मैंने इयरप्लग्स खरीद लिये। हर रात थककर चूर हो जाने के बाद हम एक नए होटल में पहुँच जाते थे; फिर भी, हम अपने आप पर ही हँस लिया करते थे। हम मेरी तरह-तरह की चिंताओं—जैसे अंतरराज्यीय चिंता, हमसे आगे निकल रही गाड़ी की चिंता, पुल पार करने की चिंता—पर भी हँसते थे।

बेशक, गैल आपसे कहेगी कि मैं बहुत अच्छी ड्राइवर नहीं हूँ। पेंसिल्वेनिया टर्नपाइक के जटिल घुमावों को आसानी से पार करती और सधे हुए तरीके से न्यूयॉर्क में प्रवेश कराती वह स्वयं एक मँजी हुई ड्राइवर है। बस, एक ही समस्या थी—जब तक हम पेंसिल्वेनिया पहुँचते, उसे अपने कॉण्टेक्ट लेंस लगाए बहुत लंबा समय हो गया था और उसकी आँखें थकी हुई थीं। जॉर्ज वाशिंगटन ब्रिज पहुँचते-पहुँचते गैस स्टेशनों से चीटोज और सुअर की खाल व हड्डियों से निकलती दुर्गंध का सिलसिला खत्म हो चुका था। धुँधलका छा गया था और हमें अपनी बाँहों में लेने के लिए रात तेजी से आगे बढ़ रही थी।

गेल ने कहा, "मैं तुम्हें यह बताना पसंद नहीं करती, पर सच तो यह है कि मैं देख नहीं पा रही हूँ।"

"क्या मतलब है तुम्हारा कि तुम देख नहीं पा रही हो?" मैंने शांतिपूर्वक पूछने का प्रयास किया।

"मुझे सभी हेडलाइट्स के चारों ओर हैलोज दिखाई दे रहे हैं। क्या तुम्हें भी?"

"जरा देखूँ तो! ना, मुझे तो नहीं दिख रहे। तुम सड़क पर खिंची लाइनों को देख सकती हो न?" अब मैं चिल्लाने लगी थी। मेरी आँखों के सामने कल के अखबारों की हेडलाइनें घूम रही थीं—'जॉर्ज वाशिंगटन ब्रिज पर

कारों के भिड़ने से दो सहेलियों की यात्रा समाप्त। कारें दौड़ी चली जा रही थीं; उन्हें रोकने के लिए कोई जगह नहीं थी।'

"इस ब्रिज को मैं बहुत अच्छी तरह से जानती हूँ।" उसने कहा, "उसी से हम बचे हैं। और मेरे पास एक योजना है। जब हम टोल नाके पर पहुँचेंगे, मैं गाड़ी रोकूँगी। तभी तुम मेरे कॉण्टेक्ट लेंस निकाल लेना और मेरा चश्मा पकड़ा देना।"

टोल नाका वहाँ से बहुत दूर था।

"मैं कुछ कर सकती हूँ?" लगभग आतंकित होते हुए मैंने पूछा, "क्या तुम्हारे लिए स्टियरिंग मैं सँभालूँ?"

"नहीं, मैं तो सफेद लाइनों से चिपकी रहनेवाली हूँ। क्या तुम मेरी आँखों से कॉण्टेक्टस निकालकर उन पर मेरा चश्मा चढ़ा सकती हो?" उसने मजाक किया। कम-से-कम मुझे तो ऐसा ही लगा कि वह मजाक कर रही थी।

"वह खतरनाक और नामुमकिन भी होगा।" मैंने कहा।

"तो हवा का रुख मेरी तरफ कर दो मुझे पसीना आ रहा है।" उसने कहा।

टोल बूथ पहुँचने तक हम दोनों पसीने से तर हो चुके थे—पर आखिरकार हम सुरक्षित न्यूयॉर्क पहुँच ही गए। ट्रेबल कंपनी के कर्मचारी, जो हमारे पीछे टी शर्ट्स पहने थे, जिन पर लिखा था—'मैं सड़क यात्रा से बच निकला।'

एक बात मैं पक्के तौर पर जानती हूँ कि अगर आप एक मित्र के साथ तंग जगहों पर 11 दिनों तक जीवित रह सकती हैं और अंत में हँसते हुए घर लौटती हो तो आपकी दोस्ती सच्ची है।

□

मेरी प्यारी कुतिया सैडी कैसे मेरे जीवन में आई, उसकी कहानी पीढ़ियों तक सुनी जा सकती है। शिकागो के एक पशु आश्रय गृह में उसने अपने पैर मेरे कंधे पर रखकर मेरा गाल चाट लिया था और फुसफुसाकर बोली थी, "प्लीज मुझे अपने साथ ले चलो।" मेरे साथ एक नया जीवन शुरू करने के उसके प्रयास को मैं महसूस कर सकती थी।

मुझे तत्क्षण उससे एक लगाव महसूस हुआ। पर ऐसा भी नहीं था कि मैं अदम्य पपी लव में बेसुध हो गई थी। गेल ने कहा भी, "तुम इंतजार करके क्यों नहीं देखतीं कि इस बारे में तुम कल क्या महसूस करती हो?" इसलिए मैंने 24 घंटे इंतजार करने का फैसला किया। अगले दिन शिकागो एक बर्फानी तूफान की चपेट में आ गया—मैंने सोचा, एक पपी को घर लाने के लिए वह एक उपयुक्त दिन नहीं था। विशेष रूप से जब आप एक टॉवर में रहते हों। सतहत्तरवें माले से उसे अपने आप प्रशिक्षण देना कठिन है, सूरज चमक रहा हो, तब भी—पीपल जब पहली बार सीख रहे हों कि उन्हें कब बाहर जाना चाहिए और कब नहीं, उन्हें बाहर जाने की जरूरत होती है।

फिर भी, स्टेडमैन और मैंने अपने सर्दियों के कपड़े चढ़ाए और सारा शहर घूमने के लिए अपनी फोर-व्हील-ड्राइव का उपयोग किया। "बस, शहर को दोबारा देखने के लिए।" मैंने अपने आप को ही सफाई दी। अपने साथ जनमे पपीज में सबसे छोटी सैडी ने मेरा मन मोह लिया था। मुझे फिसड्डी लोगों को विजेता बनाने में मजा आता है।

एक घंटे बाद हम पेटको स्टोर में एक टोकरा छोटे-छोटे पेड्स, कॉलर

और पट्टा, पपी फूड और खिलौने खरीद रहे थे।

पहले टोकरी मेरे पलंग के बगल में रखी गई। सैडी तब भी कूँ-कूँ कर रही थी। हम टोकरी को पलंग के बीचोबीच ले आए, ताकि वह मुझे ठीक से देखती रह सके। मैं वह सब करना चाहती थी, जो मेरे वश में था, ताकि अपने भाई-बहनों से सटे रहने से मिलनेवाली उष्णता और सुरक्षा से दूर उसकी पहली रात उस पर ज्यादा भारी न पड़े। फिर भी, उसका ठुनकना और रिरियाना बढ़ता जा रहा था। अरे, अब तो वह जोर से चिल्लाने लगी थी। मैंने उसे टोकरी में से निकाला और अपने तकिये पर रख दिया। मैं जानती हूँ कि एक कुत्ते को प्रशिक्षित करने का यह तरीका नहीं है। फिर भी मैंने ऐसा किया—इस हद तक कि वह मुझे अपने बिछड़े हुए भाई-बहन ही समझने लगे। सुबह जब मेरी नींद टूटी, वह पता नहीं कब मेरे कंधे से सट गई थी। वही उसे सबसे आरामदायक शयन स्थिति लगी थी।

उसे घर लाने के पाँच दिनों बाद मैंने अपनी सारी समझदारी ताक पर रख दी और लोगों ने मुझे सैडी के भाई इवान को भी अपनाने के लिए राजी कर लिया। 24 घंटे तक तो मैंने बहुत सुकून महसूस किया। साथ खेलने के लिए सैडी को इवान मिल गया था और उसके लिए वह मुझ पर निर्भर नहीं थी। (हर समय उसकी सेवा में तत्पर रहने की मजबूरी से मुझे छुट्टी मिल गई थी।)

इवान को एक पूरा दिन सैडी तथा मेरे दो गोल्डन रिट्रीवर्स ल्यूक और लायला के साथ धूप में उछल कूद करने का मौका मिला। फिर उसने रात का खाना खाने से इनकार कर दिया। उसके बाद उसे डायरिया हो गया, फिर उलटी हुई। उस दिन शनिवार था। सोमवार तक हमें पता चल गया कि घातक पार्वोवायरस ने उसे अपना शिकार बना लिया था।

13 साल पहले मैं अपने ब्राउन कॉकर डॉग सोलोमन में पार्वो की भीषणता देख चुकी थी। उसने उसे लगभग मार ही दिया था। 20 दिनों तक वह एक पशु चिकित्सालय में भरती रहा था। जब उसे वह बीमारी हुई थी,

वह एक साल से अधिक उम्र का था। इवान तो बस 11 हफ्तों का ही था। उसकी बाल रोग प्रतिरोधक क्षमता उतनी सशक्त नहीं थी कि वह उस वायरस का मुकाबला कर सके। इवान को एक इमरजेंसी क्लिनिक में भरती कराने के चार दिन बाद उसकी मृत्यु हो गई।

उस सुबह सैडी ने खाना खाने से इनकार कर दिया। यद्यपि पहले कराए गए परीक्षणों में वह पार्वोवायरस-ग्रस्त नहीं था, मैं जानती थी कि वह भी उससे संक्रमित होगी।

इस तरह उसको बचाने की कठोर परीक्षा से गुजरना शुरू हो गया। खून चढ़ाना, एंटीबायोटिक्स, प्रोबायोटिक्स—और रोज क्लिनिक जाना। इस छोटे से कुत्ते को जिस तरह की देखभाल और इलाज मिला, मेरी कामना है कि वैसी देखभाल और चिकित्सा इस देश के हर नागरिक को मिले। पहले चार दिन तो उसकी हालत बद से बदतर होती गई। एक पॉइंट पर तो मैंने उस पशु चिकित्सक से कह दिया, "मैं उसकी मुक्ति के लिए तैयार हूँ। जिंदगी के लिए इतना कठोर संघर्ष इस बेचारी के साथ बहुत ज्यादती है।"

परंतु उसने हार नहीं मानी। अगले दिन से उसके रक्त में श्वेत रक्त कणिकाओं की संख्या बढ़ने लगी और दो दिनों बाद वह मजे से चिकन के टुकड़े खा रही थी।

कुछ समय बाद दुबली और कमजोर, मगर एक नया जीवन शुरू करने के लिए तैयार सैडी घर आ गई। अंततः वह बिल्कुल ठीक हो गई।

जिस दौरान वह और इवान अस्पताल में थे, मैं लगातार चिंतित और अशांत रहती थी; नींद भी बहुत कम आती थी—वैसे ही जैसे परिवार के किसी सदस्य के बीमार रहने के दौरान होता। और यह बात मैं पक्के तौर पर जानती हूँ कि हमारे जीवन में पालतू जानवरों की उपस्थिति सच्चे व निष्कपट प्यार की अभिव्यक्ति है। पपी लव। उसके जैसा कुछ नहीं।

□

जब दूसरों को प्यार करना आप अपनी जीवन गाथा बना लेते हैं तो उसमें कोई अंतिम अध्याय नहीं होता, क्योंकि वह विरासत जारी रहती है। जीवन की अँधेरी रात में आप एक व्यक्ति को मशाल थमा देते हैं और वह किसी और को, उसी क्रम में प्राप्तकर्ता किसी और को हस्तांतरित कर देता है और वह क्रम जारी रहता है। और मैं यह बात पक्के तौर पर जानती हूँ कि हमारे जीवन के अंतिम विश्लेषण में—जब वांछनीय कार्यों की सूची व्यर्थ हो जाती है, जब जीवन से जोश और हिंसा खत्म हो जाती है, जब हमारे इ-मेल इन बॉक्सेज खाली हो जाते हैं—इबॉक्स मूल्यवान चीज, जो तब भी कायम रहेगी, यह होगी कि क्या हमने दूसरों से प्यार किया और उनसे प्यार पाया है?

□

कृतज्ञता

"अगर आप अपने पूरे जीवन में कभी भी सिर्फ
एक शब्द 'धन्यवाद' की प्रार्थना करें तो वह काफी होगी।"

—मीस्टर एकहार्ट

मैं बरसों से कृतज्ञ होने की शक्ति और आनंद की वकालत करती रही हूँ। मैंने पूरे एक दशक तक बिना नागा एक कृतज्ञता डायरी चालू रखी—और अपने सभी परिचितों से ऐसा ही करने का आग्रह किया। फिर जिंदगी व्यस्त हो गई। मेरी कार्यसूची मुझ पर हावी हो गई। अब भी, कभी-कभी रात में, मैं वह डायरी खोलती हूँ; पर हर रोज उन पाँच चीजों को नोट करने, जिनके लिए मैं कृतज्ञ थी, का नियम धीरे-धीरे टूट गया। 12 अक्तूबर, 1996 को मैं इन चीजों के लिए कृतज्ञ थी—

1. फ्लोरिडा का फिशर आइलैंड, जहाँ हलकी ठंडी हवाएँ चल रही थीं, के चारों ओर दौड़ना।
2. धूप में एक बेंच पर बैठकर ठंडा तरबूज खाना।
3. गेल के साथ मि. पोटैटो, जिसे उसने कभी देखा नहीं था, फिर भी उसके साथ डेट पर गई थी, के बारे में एक लंबी और मजेदार चर्चा।
4. एक कोन में भरा शरबत, जो इतना मीठा था कि मैं अपनी उँगलियाँ चाटती रह गई।
5. माया एंजेलो द्वारा मुझे एक कविता पढ़कर सुनाया जाना।

कुछ साल पहले जब अपनी डायरी में उपर्युक्त प्रविष्टि पर मेरी नजर पड़ी तो यह सोचकर मुझे अचरज हुआ कि क्यों अब मैं ऐसी छोटी-छोटी चीजों का आनंद नहीं ले पाती। सन् 1996 से मैंने बहुत धन-दौलत, ज्यादा जिम्मेदारियाँ, ज्यादा भौतिक संपदाएँ—सबकुछ इकट्ठा कर लीं। ऐसा लगता था कि ये सब चीजें बेतहाशा बढ़ी हैं—सिवाय मेरी खुशियों के। कैसे मैं,

अपने सभी विकल्पों और अवसरों के साथ, ऐसे लोगों में शामिल हो गई, जिनके पास आनंद लेने का समय नहीं होता? मैंने अपने आपको इतना पसार लिया है कि अब किसी चीज से कुछ खास लगाव नहीं रहा है। 'करने' में ही इतनी व्यस्त हो गई कि 'अनुभूति' गायब हो गई।

परंतु सच यह है कि वर्ष 1996 में भी मैं व्यस्त थी। मैंने बस, कृतज्ञता डायरी लिखने का नियम बना लिया था। यह देखने के लिए कि मैं किन-किन चीजों के लिए कृतज्ञ महसूस कर सकती हूँ, मैं इस दिन की सारी घटनाओं पर नजर दौड़ाती थी और हमेशा कुछ-न-कुछ मिल ही जाता था।

कभी-कभी हम अपनी सामाजिक उन्नति की सीढ़ियाँ चढ़ने की कठिनाइयों पर इतना केंद्रित हो जाते हैं कि हमे इस साधारण और स्पष्ट बात का भी ध्यान नहीं रहता कि चढ़ने के लिए हमारे सामने एक पहाड़ है, जिसके लिए हमें कृतज्ञ होना चाहिए।

मेरा जीवन अब भी भयंकर रूप से व्यस्त है। यद्यपि आज मैं इस बात के लिए सतत रूप से कृतज्ञ हूँ कि मुझमें सारी जिम्मेदारियाँ उठाने की शक्ति है। और मैंने कृतज्ञता डायरी (लिखनी नहीं, इस बार इलेक्ट्रॉनिक माध्यम से रिकॉर्ड करनी) फिर शुरू कर दी है। जब कभी भी कृतज्ञ अनुभव करने का क्षण आता है, मैं उसे नोट कर लेती हूँ। मैं पक्के तौर पर जानती हूँ कि जीवन में जब भी ऐसा कुछ होता है, जिससे आपके मन की कली खिल जाती हो, उसकी कद्र करना, उसके लिए कृतज्ञता अनुभव करना आपकी पूरी दुनिया बदल सकता है। जब आप आपके पास जो कुछ नहीं है, उस पर केंद्रित न करके आपके पास जो कुछ है, उसके लिए आभार प्रकट करते हैं तो आप अच्छाई का सहजन करके उसे प्रसारित कर रहे होते हैं।

यह मैं पक्के तौर पर जानती हूँ, अगर आभार प्रकट करने के लिए आप हर रोज थोड़ा सा समय निकालें तो उसके परिणामों से आप चकित हो जाएँगे।

□

“से थैंक यू!” बहुत साल पहले माया एंजेलो के इन शब्दों ने मेरी जिंदगी बदल दी थी। मैं अपने बाथरूम का दरवाजा बंद करके ढक्कन लगी टॉयलेट सीट पर बैठकर उससे फोन पर बात कर रही थी और साथ ही बेबस होकर इस तरह फूट-फूटकर रो रही थी कि मेरे मुँह से निकले शब्द भी स्पष्ट नहीं थे।

“रोना बंद करो!” माया ने झिड़का, “अब रोना बंद करो और कहो धन्यवाद!”

“लेकिन तुम··· तुम समझ नहीं रहीं।” मैंने सुबकते हुए कहा। मैं आज तक याद नहीं कर पाई कि वह क्या बात थी, जिसने मुझे इस कदर बेबस कर दिया था और यही बात उस पॉइंट को साबित करती थी, जो माया मुझे संप्रेषित करने की कोशिश कर रही थी।

“मैं अच्छी तरह से समझती हूँ।” उसने कहा, “मैं तुम्हारे मुँह से सुनना चाहती हूँ। जोर से कहो—थैंक यू!”

मैंने आँसुओं से गीली नाक कुछ और सुड़की, “पर मैं तुम्हें धन्यवाद कह किसलिए रही हूँ?”

“तुम धन्यवाद इसलिए कह रही हो,” वह बोली, “कि तुम्हारा विश्वास इतना मजबूत है कि तुम्हें जरा भी संदेह नहीं है कि समस्या कैसी भी हो, तुम उससे पार पा लोगी। तुम धन्यवाद इसलिए कह रही हो कि तुम जानती हो कि भयंकर तूफान के बीच भी ईश्वर ने बादलों में इंद्रधनुष बनाया है। तुम धन्यवाद इसलिए कह रही हो कि तुम जानती हो कि समस्याएँ आखिर

मानव–रचित होती हैं और उनका समाधान भी मनुष्यों की पहुँच में है। इसलिए कहो—धन्यवाद।''

मैंने वही किया और आज भी करती हूँ।

हर समय आभारी रहना आसान नहीं है। परंतु जब आप सबसे कम आभारी होते हैं, उस चीज की आपको सबसे ज्यादा जरूरत होती है, जो कृतज्ञता ही आपको दे सकती है; चीजों को सही परिप्रेक्ष्य में देख पाना। कृतज्ञता किसी भी स्थिति को रूपांतरित कर सकती है। वह आपकी नकारात्मक ऊर्जा को सकारात्मक ऊर्जा में बदल देती है। वह आपके जीवन में परिवर्तन लाने का सबसे तेज, सबसे सरल, सबसे सशक्त तरीका है, यह मैं पक्के तौर पर जानती हूँ।

कृतज्ञता अपने साथ यह उपहार लाती है। उसे महसूस करने के लिए आपके अहंकार को पीछे हटना होगा। उसका स्थान लेंगी बढ़ी हुई संवेदनशीलता और समझ। कुंठित महसूस करने के बजाय आप कद्रदानी का वरण करते हैं और जितने अधिक आभारी आप बनते हैं, आपके जीवन में और ज्यादा वैसा होने लगता है, जिसके लिए आप आभारी हों।

माया एंजेलो कितनी सही थी। आप चाहे जिस (बुरे) दौर से गुजर रहे हों, आपको बस इतना करना है कि उससे गुजर जाएँ। वह गुजर जाएगा, इसलिए अभी से धन्यवाद कह दें; क्योंकि आप जानते हैं कि इंद्रधनुष प्रकट होने वाला है।

□

मेरा अगला भोजन क्या होगा, इस पर सोचने में मैंने जितना समय और ऊर्जा खर्च की है, उसका हिसाब नहीं; क्या खाना है, अभी-अभी क्या खाया है, उसमें कितनी कैलोरीज या कितने ग्राम वसा थी, उसे हजम करने के लिए मुझे कितने व्यायाम की जरूरत होगी, अगर मैंने व्यायाम नहीं किया तो क्या होगा, मेरी कमर के आसपास अतिरिक्त चरबी दिखाई देने में कितना समय लगेगा और इसी तरह की कई बातें। पिछले कुछ वर्षों से भोजन मेरे दिमाग पर छाया हुआ है।

सन् 1977 में बाल्टीमोर के अपने पहले डाइट डॉक्टर को मैंने जो ब्योरे दिए थे, वे मुझे अब भी याद हैं। मैं 23 साल की थी, वजन 148 पौंड, ए साइज 8 और मैं सोचती थी कि मैं मोटी हूँ। मेरे लिए निर्धारित खान-पान संबंधी नियमों में डॉक्टर ने मुझे 1,200 कैलोरीज तक सीमित डाइट पर रखा और दो हफ्ते से भी कम अवधि में मेरा वजन 10 पौंड घट गया। दो महीने बाद वह फिर 12 पौंड बढ़ गया था। इस तरह से असंतोष का चक्र, अपने शरीर के साथ, स्वयं अपने साथ—मेरा संघर्ष शुरू हो गया।

मैं डाइटिंग ब्रिगेड में शामिल हो गई—मैं बेवर्ली हिल्स, एटकिंस, स्कार्सडेल, कैबेज सूप, यहाँ तक कि बनाना, हॉट डॉग और एग डाइट्स (आप समझ रहे हैं, मैं मजाक कर रही हूँ! काश, ऐसा ही होता) जो मैं नहीं जानती थी, वे यह हैं कि प्रत्येक डाइट के साथ मैं अपनी मांसपेशियों को भूखा मार रही थी, अपने चयापचय सिस्टम को धीमा कर रही थी और वह आधार बना रही थी, जहाँ से मेरा वजन और ज्यादा बढ़ता। लगभग दो

दशकों तक बेमतलब हाथ–पैर मारने के बाद वर्ष 1995 के आस–पास मुझे समझ आया कि मेरा शरीर जिस भी आकार में था, उसके लिए शुक्रगुजार होना अपने आपसे प्यार करने की कुंजी थी।

परंतु, जहाँ बौद्धिक रूप से मैंने खुद को कायल कर लिया था, उस विश्वास के साथ जीना एक अलग कहानी थी। इसके करीब छह साल और छह महीने तक किन्हीं अज्ञात कारणों से जोरों से दिल धड़कने के बाद अंततः मुझे एक नई दृष्टि मिली। 19 दिसंबर, 2001 को मैंने अपनी डायरी में लिखा—"एक बात तो पक्की है—रात में तेजी से दिल धड़कने से सुबह उठने के समय ज्यादा खुशी अनुभव करने और हर दिन के लिए ज्यादा आभारी होने लगी हूँ।" मैंने अपने हृदय को एक प्राप्त चीज मानकर हलके में लेना छोड़ दिया और उसके द्वारा दी गई प्रत्येक धड़कन के लिए उसे धन्यवाद देना शुरू कर दिया। हृदय कितनी अद्‌भुत चीज है, यह जानकर मुझे हैरत हुई। अपने 47 वर्ष के जीवनकाल में मैंने कभी यह जानने की कोशिश नहीं की थी कि मेरा हृदय करता क्या है। वह मेरे फेफड़ों, लीवर, पैंक्रियाज, यहाँ तक कि मेरे मस्तिष्क तक को ऑक्सीजन पहुँचाता है, धड़कन–दर–धड़कन।

इतने सारे वर्षों में हृदय के लिए जरूरी सहयोग न देकर मैंने अपने हृदय के साथ ज्यादती की थी। जरूरत से ज्यादा खाना, अत्यधिक तनावग्रस्त रहना, क्षमता से अधिक काम करना। कोई आश्चर्य नहीं कि रात को जब मैं लेटती हूँ, वह दौड़ना बंद नहीं कर सकता। मैं समझती हूँ, हमारे जीवन में जो कुछ घटित होता है, उसका कोई अर्थ है और यह कि प्रत्येक अनुभव एक संदेश देता है। अगर हम उसे सुनना चाहें तो मेरा तेज रफ्तार दिल मुझसे क्या कहने की कोशिश कर रहा था? मेरे पास अब भी इसका कोई जवाब नहीं है। फिर भी, यह सवाल पूछने मात्र से मुझे अपने शरीर पर एक नजर डालने और यह देखने कि मैं किस तरह उसका सम्मान करने में विफल रही, के लिए प्रेरित किया। कैसे जब–जब भी मैं डाइट पर रही

थी, इसलिए रही थी कि मैं जमाने के चलन या फैशन के अनुसार खुद को ढालना चाहती थी। मेरे शरीर की जीवन-शक्ति, अपने हृदय पर ध्यान देना, कभी भी मेरी प्राथमिकता नहीं थी।

एक करारी चमकीली सुबह अपने बिस्तर पर बैठकर मैंने कसम खाई कि अब से मैं अपने हृदय से प्यार करूँगी, उसे इज्जत दूँगी, उसे पोषित करूँगी, उससे काम भी कराऊँगी और आराम भी करने दूँगी। और फिर एक रात, जब मैं बाथटब से निकल रही थी, मेरी नजर वहाँ लगे आदमकद आईने की ओर गई। पहली बार मैंने खुद को कोसना शुरू नहीं किया। इससे उलट जो कुछ मैंने देखा, उससे मेरे मन में कृतज्ञता का भाव उत्पन्न हुआ। मेरे बाल गुँथे हुए थे, लेश मात्र भी मेकअप नहीं था और चेहरा साफ था। आँखें चमकीली, जीवंत। गला व कंधे मजबूत और तने हुए। मैं जिस शरीर में रहती थी, उसके लिए आभारी थी।

मैंने सिर से पैर तक अपने शरीर को निहारा; यद्यपि सुधार की काफी गुंजाइश थी, अब मैंने सोचा, यही वह शरीर है, जो तुम्हें दिया गया है—जो कुछ तुम्हें मिला है, उससे प्यार करो। इस तरह, मैंने उस चेहरे से प्यार करना शुरू कर दिया, जिसके साथ मैं पैदा हुई थी। 2 साल की उम्र में मेरी आँखों के नीचे जो रेखाएँ थीं, वे गहरी हो गई हैं; पर वो मेरी रेखाएँ हैं। मेरी चौड़ी व चपटी नाक, जिसे सोते समय उसके दोनों ओर रुई रखकर तथा उसे कपड़े सुखानेवाली क्लिप से दबाकर रखती थी, ताकि वह उठी हुई और नुकीली हो जाए। यह वह नाक है, जिसके साथ मैं बड़ी हुई हूँ। मेरे मोटे होंठ, जिन्हें मुसकराते हुए मैं दबा लिया करती थी, वही होंठ हैं, जिन्हें हर रोज लाखों लोगों से बातें करने के लिए इस्तेमाल किया है—मेरे होंठों का भरा-भरा होना जरूरी था।

उस क्षण मैं आईने के सामने खड़ी हुई। मैंने स्वयं का 'आध्यात्मिक रूपांतरण/प्यार की जड़ों के दर्शन' होते देखा, जिसे कैरोलिन एम. रोजर्स ने मेरी एक प्रिय कविता 'कुछ-कुछ सुंदर मैं भी हूँ' में लिखा है।

एक बात मैं पक्के तौर पर जानती हूँ; जब आप अपने शरीर को लेकर एक प्यारी और गरिमामय शांति कायम कर सकती हैं तो उसके साथ ज्यादा जद्दोजहद करने की जरूरत नहीं है।

□

मैं कृतज्ञता की दुनिया में रहती हूँ और उसके बदले में जिंदगी ने उसके लाखों गुना मुझे लौटा दिया है। मैंने छोटी–छोटी बातों पर धन्यवाद देने से शुरू किया और जितनी अधिक आभारी मैं बनती गई, खुदा की नेमतें भी बढ़ती गईं। ऐसा इसलिए कि—और यह बात पक्की है—आप जिस चीज पर केंद्रित करते हैं, वह फैलती है। जब आप अपने जीवन की अच्छाई पर केंद्रित करते हैं, आप उसे कई गुना बढ़ा देते हैं।

□

हम सबने सुना है कि लेने की तुलना में देना अधिक दिव्य है। यही नहीं, यह मैं पक्के तौर पर जानती हूँ कि वह लेने की तुलना में कहीं अधिक आनंददायक भी है। अगर मैंने समझदारी व सद्‌भावना से किसी को उपहार दिया है और उसने सहर्ष स्वीकार किया है तो मेरे लिए इससे ज्यादा खुशी की बात और कोई नहीं हो सकती।

मैं ईमानदारी से कह सकती हूँ कि मैंने आज तक जो भी उपहार दिए हैं, उनमें से प्रत्येक ने मुझे कम-से-कम उतनी खुशी तो दी ही है, जितनी उसे पानेवाले को हुई होगी। मैं अपनी भावना के अनुसार उपहार देती हूँ। पूरे साल में उसका अर्थ हो सकता है, किसी ऐसे व्यक्ति को अपने हाथ से लिखा एक नोट भेजना, जिसे उसकी कतई उम्मीद न हो या बाजार में नया आया कोई बढ़िया सा लोशन, जिसकी खूबियों के बारे में मुझे अभी-अभी पता चला हो या कोई कविता-संग्रह, जिसमें इंद्रधनुष का सुंदर चित्र हो। यह मायने नहीं रखता कि चीज क्या है, महत्त्वपूर्ण यह है कि देने में आपकी कितनी भावना और जतन था, ताकि उस चीज के उपयोग हो जाने के बाद भी आपकी भावना की खुशबू बनी रही।

मेरी मित्र जेनेवेव ने एक बार मेरे घर की आगेवाली दहलीज पर 'गुड मॉर्निंग' के नोट के साथ एक सफेद बाउल रख दिया, जिसमें उसके अपने अहाते के बगीचे से तोड़े गए ताजे व चमकदार पीले नीबू (टहनियों और पत्तों के साथ) थे और वे एक हरे रिबन से बँधे हुए थे। पूरी प्रस्तुति के वर्षों बाद भी जब मैं उस स्पॉट को देखती थी, जहाँ वह बाउल रखा गया था, तो मुझे

उस अनमोल उपहार के पीछे मौजूद प्यार का एहसास होता था। उस प्यारी 'गुड मॉर्निंग' की याद ताजा रखने के लिए मैं अब ताजे नीबुओं से भरा एक बाउल रखने लगी हूँ।

आपने उस समय के बारे में सुना होगा, जब मैंने अपने शो पर कुछ पॉण्टिएक जी-6 कारें उपहार में दी थीं। वह टी.वी. पर मेरा सबसे मजेदार अनुभव था। परंतु वह इनामी योजना शुरू करने से पहले मैं एक अँधेरी कोठरी में बैठी इस पर सिर खपा रही थी कि कैसे उस योजना का स्वरूप मेरे अंतर्मन की भावना के अनुरूप हो। मेरे लिए यह महत्त्वपूर्ण था कि मेरे शो में अधिकांश ऐसे भागीदार हों, जिन्हें एक नई कार की सचमुच जरूरत हो, ताकि इतनी गहमागहमी का कोई अर्थ हो। मैं चाहती थी कि वह उपहार आपके पास जो कुछ है, उसे कोठरी में अपने जूते और हैंडबैग्स के बीच बैठकर मैंने उसके लिए प्रार्थना की। फिर मैं नीचे उतरकर स्टूडियो में आ गई और ईश्वर ने मेरी प्रार्थना सुन ली।

□

ग्रामीण मिसीसिपी में जनमी मैं दिल से एक देहाती लड़की हूँ—जहाँ अगर आप सब्जियाँ या अनाज न उगाएँ तो आप खा नहीं सकते थे। बगीचे से शलगम उखाड़ने, फिर पोर्च में बैठकर बींस की फलियाँ तोड़ने या मटर फली से दाने निकालने में अपनी नानी की मदद करना एक ऐसी दिनचर्या थी, जिसे मैं अपरिहार्य मानती थी।

आज वसंत, ग्रीष्म और शरद में सप्ताह का मेरा पसंदीदा दिन है—फसल कटाई का दिन। हम अपने बगीचे में जाकर हाथीचक (आर्टिचोक), पालक, कुम्हाड़ा (स्क्वैश), हरी बींस, भुट्टे, टमाटर व सलाद पत्ते और साथ ही टोकरियाँ भरकर ताजा हरी सब्जियाँ, प्याज और लहसुन तोड़ लाते हैं। कुदरत की इन सौगातों को देखकर मैं रोमांचित हो जाती हूँ।

यह सब देखकर मुझे हमेशा से विस्मय होता रहा है। इतना थोड़ा सा बोकर आप इतनी सारी फसल काटते हैं। असल में मेरी समस्या मात्र है। जो उगाया गया है, वह सब मैं खा नहीं सकती; परंतु मैं ऐसी कोई चीज फेंकना नहीं चाहती, जिसे मैंने विकसित होते देखा है; जिन खाद्य पदार्थों को आपने बीज की अवस्था से विकसित होते देखा है, उन्हें फेंकना ऐसा लगता है, मानो आप एक उपहार को फेंक रहे हैं। मैं अपनी उगाई गई सब्जियों (और फूलों) को पड़ोसियों के साथ बाँटने के लिए हमेशा तैयार रहती हूँ, फिर भी पैदावार बढ़ती रहती है।

सभी मूल खाद्य पदार्थ धरती से आते हैं। और आप उन्हें चाहे फार्मर्स मार्केट से खरीदें या अपने स्थानीय किराना व्यापारी से या अपने घर के पिछवाड़े

उगाएँ, एक चीज मैं पक्के तौर पर जानती हूँ—खाने का शुद्ध आनंद दिव्य है। एक बार मैंने एक आड़ू (पीच) की फाँक काटकर खाई तो वह इतना मीठा, मुलायम और रसीला था कि उसे खाते समय मैं सोच रही थी—इस फल को ठीक से वर्णित करने के लिए कोई शब्द पर्याप्त नहीं है। इसकी सच्ची परिभाषा समझने के लिए इसका स्वाद लेना होगा। उसके अनोखे स्वाद का और मजा लेने के लिए मैंने अपनी आँखें बंद कर लीं। परंतु वह भी काफी न हुआ, इसलिए मैंने उसकी आखिरी दो फाँकें यह देखने के लिए स्टेडमैन के लिए बचाकर रख लीं कि वह मेरे इस आकलन से सहमत था या नहीं कि वह अब तक का सर्वोत्तम आड़ू था। उसने पहला टुकड़ा मुँह में रखा और बोला, ''मममम…मममम…मममम…यह आड़ू बचपन की याद दिलाता है।'' और इस तरह वह छोटी सी चीज बड़ी बन गई—जैसे वे सभी चीजें बन जाती हैं, जिन्हें खुले दिल से शेयर किया जाता है।

□

मुझे अब भी याद है, जब मैंने पहली बार अपने परिवारजनों और मित्रों को ही कुछ देने का चलन छोड़ते हुए किसी अजनबी के लिए कुछ ऐसा किया था, जो मायने रखता हो। मैं बाल्टीमोर में एक रिपोर्टर थी और मैंने एक युवा माँ तथा उसके बच्चों, जो एक बुरे दौर से गुजर रहे थे, पर एक स्टोरी की थी। मैं कभी नहीं भूलूँगी कि मैं दोबारा उनके घर गई थी और उनके लिए कुछ गरम कपड़े खरीदने के लिए उस पूरे परिवार को एक मॉल में ले गई थी। उन्होंने मेरी सदाशयता की इतनी प्रशंसा की थी और मैंने सीखा कि किसी जरूरतमंद के लिए कुछ अनपेक्षित करने से कितना अच्छा लगता है।

सन् 1970 के दशक के आखिरी वर्षों की उस घटना के बाद से मैं सचमुच अच्छे और सार्थक उपहार कश्मीरी शॉल से लेकर कॉलेज की शिक्षा तक कुछ भी देने की अपनी क्षमता के मामले में सौभाग्यशाली रही हूँ। मैंने घर, कारें, दुनिया की सैर, एक बढ़िया सी आया की सेवाएँ जैसे उपहार दिए हैं। परंतु समझती हूँ कि सर्वोत्तम उपहार जो कोई व्यक्ति दे सकता है, वह है स्वयं अपना उपहार।

मेरे पचासवें जन्मदिन पर आयोजित दोपहर भोज में वहाँ आई प्रत्येक महिला ने एक नोट लिखा, जिसमें बताया गया था कि हमारी मित्रता उसके लिए क्या अर्थ रखती थी। सभी नोट्स चाँदी के एक बक्से में रख दिए गए। उस बॉक्स को अब भी मेरे नाइटस्टैंड का बहुमूल्य स्थान मिला हुआ है। उन दिनों, जब मैं खुश नहीं होती, मैं उनमें से एक नोट निकाल लेती हूँ, ताकि वह मुझे मेरे सामान्य मूड में ला सके।

करीब एक साल बाद मैं समाज में सौहार्द पैदा करने और अपनी सामाजिक सीमाओं को तोड़कर सामाजिक कार्य करनेवाली 18 शानदार स्त्रियों तथा कुछ दर्जन युवतियों, जिनका मार्ग उन महिलाओं ने प्रशस्त किया था, के सम्मान में एक रंगारंग सप्ताहांत की मेजबानी की। मैंने उसे 'लीजेंड्स वॉल' नाम दिया और उसकी समाप्ति के बाद मुझे समारोह में उपस्थित सभी नवयुवतियों के धन्यवाद पत्र मिले। मैंने उन सभी पत्रों का सुलेखन करवाने के बाद उन्हें एक पुस्तक के रूप में संकलित कर लिया। वे मेरी सबसे कीमती संपदाएँ हैं। और हाल ही में उन्होंने मुझे प्रेरित किया, जब मेरी एक मित्र परेशारियों के दौर से गुजर रही थी। मैंने उसके सभी मित्रों को फोन करके उसे 'लव नोट्स' भेजने के लिए कहा, फिर मैंने उन पत्रों को बाइंड करवाकर एक पुस्तक का रूप दे दिया।

जो कुछ औरों से मुझे मिला था, वह मैंने किसी और को दे दिया। और यह मैं पक्के तौर पर जानती हूँ कि यही करने के लिए हम इस दुनिया में हैं। देने का यह चक्र चलता रहे।

□

मेरी बगलवाली टेबल पर बैठे लोग बहुत शोर मचा रहे थे। वे लोग एक विशेष अवसर का जश्न मना रहे थे। पाँच वेटर्स गा रहे थे, ''हैप्पी बर्थडे, डियर मैरिलिन···।'' जैसे ही मैरिलिन ने चॉकलेट कम केक, जो उसे उपहार में दिया गया था, में गड़ी एकल मोमबत्ती फूँक मारकर बुझाई, कमरे में हमारी तरफ बैठे लोगों ने तालियाँ बजाईं। किसी ने मुझसे विनम्रतापूर्वक पूछा कि क्या मैं उस समूह के साथ फोटो खिंचवाऊँगी?

''जरूर।'' मैंने कहा और बस ऐसे ही पूछा, ''मैरिलिन की उम्र कितनी है?'' प्रश्न किसी खास व्यक्ति को संबोधित नहीं था।

टेबल पर बैठे सभी लोग कुछ अटपटे ढंग से हँसे। एक आदमी मेरे प्रश्न से आहत होने का अभिनय करते हुए बोला, ''मुझे विश्वास नहीं होता, यह आप पूछ रही हैं?''

मुझे कुछ हँसी आई। फिर उसे उलाहना देने का मन हुआ, ''तुम अपने जन्मदिन पर मेरे साथ फोटो खिंचवाना चाहती हो, पर यह बताना नहीं चाहतीं कि तुम्हारी उम्र क्या है?''

''ऐसी बात नहीं है, मॅम। बस, मैं वह जोर से बोलकर नहीं बता सकती। यह जानकर मैं हफ्तों से परेशान थी कि जन्मदिन आ रहा है। उसके बारे में सोचकर ही मैं परेशान हो जाती हूँ।''

''तुम यह जानकर दुखी हो जाती हो कि तुमने मील का एक और पत्थर तय कर लिया है कि हर रोज तुम्हारी हर फिक्र, हर तकलीफ, हर चुनौती, हर खुशी, हर साँस इस क्षण की ओर ले जा रही थी। अब वह पल आ गया है और साथ ही तुम उससे इनकार भी कर रही हो।''

"मैं उससे इनकार नहीं कर रही।" उसने कहा, "मैं बस, तैंतालीस साल की नहीं होना चाहती।"

मैं अवाक् रह गई।

"तुम तैंतालीस की हो ? ओह, अब मैं देख सकती हूँ कि तुम क्यों नहीं चाहती थीं कि कोई इसे जाने।" एक बार फिर सभी एक जबरन-सी हँसी हँसे।

हमने फोटो खिंचवाया; परंतु मैं अपने आपको मेरिलिन और उसके दोस्तों के बारे में सोचने से न रोक सकी।

मैं अपनी एक प्रिय पुस्तक 'द फोर एग्रीमेंट्स' के लेखक डॉन मिगेल रुइज के बारे में भी सोच रही थी। डॉन मिगेल के अनुसार, "हमने अपने दिमागों में जो विश्वास जमा कर रखे हैं, उनमें से पंचानबे प्रतिशत झूठ के सिवाय कुछ नहीं और हम दुखी रहते हैं, क्योंकि हम उन सब झूठों में विश्वास रखते हैं।"

उनमें से एक झूठ, जिसमें हम विश्वास रखते, व्यवहार में लाते और हमेशा पुष्ट करते रहते हैं, यह है कि उम्र बढ़ने के साथ मानव कुरूप होता जाता है। उससे हम पूर्व में कैसे दिखते थे, इस आधार पर अपना और दूसरों का मूल्यांकन करते रहते हैं।

इसीलिए, कुछ वर्षों से मैं स्त्रियों से, उम्र बढ़ने के बारे में वे क्या महसूस करती है, यह पूछना नहीं भूलती। मैंने बो डेरेक से लेकर बारबरा स्ट्रेइसैंड तक सभी से यह सवाल किया है।

एली मैकग्रा ने कहा, "मेरी उम्र की महिलाएँ पैंतीस-चालीस साल की भयभीत महलाओं को संदेश देती हैं कि 'अब लगभग सबकुछ समाप्त हो चुका है।' क्या बकवास है।"

बेवर्ली जॉनसन ने कहा, "मैं इस मन को एक किशोरी का तन बनाए रखने की कोशिश क्यों करती हूँ, जबकि मैं जानती हूँ कि मैं एक किशोरी नहीं हूँ, और बाकी सब भी जानते हैं। यह ईश्वर की कृपा है, जो मैंने इस तरह से सोचा।"

और सिबिल शेफर्ड ने ईमानदारी से एक गहरी बात कही थी, ''जैसे-जैसे मेरी उम्र बढ़ रही थी, मुझे यह डर सताने लगा था कि अब कोई मेरी कद्र नहीं करेगा।''

अगर आप इतने भाग्यशाली हैं कि बुजुर्ग बन सकें, जैसा बूढ़ा बनने की परिणति को मैं देखती हूँ (मैं अकसर 9/11 के बेचारों के बारे में सोचती हूँ, जो वृद्धावस्था तक नहीं पहुँचेंगे) तो आप लोग, जो जीवंतता, शक्ति और गरिमा के साथ इस प्रतिक्रिया का उत्सव मना रहे हैं कि बुद्धिमत्ता का भारी लाभ उठाया जा सकता है।

इस मामले में मेरे अद्भुत सलाहकार रहे हैं। 85 वर्ष के आसपास की माया एंजेलो दौरों पर भाषण देने की जिम्मेदारी उठाती हैं। नई-नई परियोजनाओं पर काम करती क्विंसी जोंस हमेशा दुनिया के किसी सुदूर भाग में होती हैं। जो कुछ उनके हाथ लग जाए, उसे पढ़नेवाले, यहाँ तक कि 85 वर्ष की उम्र में अपना पहला उपन्यास लिखनेवाले अपने ज्ञान के क्षितिज लगातार विस्तारित करने वह सिडनी पोइटियर मेरे लिए अनुकरणीय पुरुष हैं—अगर सौभाग्य से मेरा जीवन उतना लंबा हो।

यह तय है कि हम एक ऐसी यौवन-सम्मोहित संस्कृति में रहते हैं, जो हमें लगातार यह कहने की कोशिश कर रही है कि अगर हम युवा, दीप्तिमान और 'हॉट' नहीं हैं तो हमारा कोई महत्त्व नहीं है; परंतु मैं हकीकत को इस तरह तोड़-मरोड़कर पेश की गई स्थापना को नहीं मानती। और मैं कभी अपनी उम्र को लेकर न तो झूठ बोलूँगी और न बताने से इनकार करूँगी। ऐसा करना हमारे समाज में व्याप्त बीमारी अर्थात् वह होने की चाह, जो आप नहीं हैं—को बढ़ाने के बराबर होगा।

यह मैं निश्चित तौर पर जानती हूँ कि आप जो कुछ हैं, उसे स्वीकार करने से ही आप जीवन की पूर्णता की ओर कदम बढ़ा सकते हैं। हर उस व्यक्ति के लिए मेरे मन में दुःख है, जो इस खुशफहमी में जी रहा है कि वह फिर से वही बन सकता है, जो वह कभी हुआ करता था। आपके सर्वोत्तम

जीवन का मार्ग इनकार नहीं है। वह आपके जीवन के हर पल की स्वीकारोक्ति और वर्तमान में जीना है।

आप वही स्त्री नहीं, जो एक दशक पहले थीं। अगर आप खुशनसीब हैं तो आप वही स्त्री नहीं हैं, जो आप पिछले साल थीं। बूढ़ी होते जाने का मुख्य बिंदु, जैसा मैं उसे देखती हूँ, है बदलाव। अगर हम अपने अनुभवों को ऐसा करने दें तो वे हमारे बारे में हमें शिक्षित करते रहते हैं। मैं उसका जश्न मनाती हूँ, सम्मान करती हूँ, उस पर श्रद्धा रखती हूँ। और मैं उम्र के हर पड़ाव, जिस तक पहुँचना मेरा सौभाग्य रहा है, के लिए आभारी हूँ।

□

मैंने कभी नहीं सोचा था कि मैं 'ओपरा शो' को 25 वर्षों तक ला पाऊँगी। बारह साल तक करने के बाद ही मैं उसे बंद करने की सोचने लगी थी। मैं वह लड़की नहीं बनना चाहती थी, जो देर तक पार्टी में जमी रहती है। लोगों की नापसंदगी के बावजूद शो को चलाते रहने के खयाल से ही मैं डरती थी।

फिर मैंने फिल्म 'बीलण्ड' बनाई, जिसमें एक पूर्व दास की कहानी कही गई थी, जो नई-नई मिली आजादी का अनुभव करता है। उस भूमिका ने अपने काम के प्रति मेरा नजरिया ही बदल दिया। कैसे मैं, जिसे जीवन में ऐसे-ऐसे अवसर मिले थे, जिनके बारे में मेरे पूर्वज सोच भी नहीं सकते थे, इतना थक जाने की हिम्मत कर सकती थी कि अपना काम ही छोड़ दूँ; इसलिए मैंने अपनी संविदा को और चार साल के लिए नवीकृत करा लिया था। फिर और दो साल के लिए।

20 साल पूरे होने के बाद मैंने लगभग अंततः उसे बंद करने का फैसला कर लिया था। तभी मुझे मैटी स्टेपानेक का एक इ-मेल प्राप्त हुआ।

मैटी 12 साल का एक लड़का था, जो मस्क्युलर डिस्ट्रॉफी—एक ऐसा वंशानुगत रोग जिसमें मांसपेशियाँ क्रमशः कमजोर होती जाती हैं—के एक विरले स्वरूप से पीड़ित था और जो अपनी कविता पढ़ने के लिए मेरे शो में आया था और तत्क्षण उसने सभी का मन मोह लिया था। हम अकसर एक-दूसरे को इ-मेल किया करते थे और जब संभव होता था, फोन पर भी बात कर लेते थे। वह मुझे अधिक मानवीय, वर्तमान में जीनेवाली और

छोटी-छोटी बातों की भी नोट करनेवाली महिला होने का एहसास दिलाता था।

मैटी ने बहुत छोटी उम्र में अस्पताल में भरती होने, निकलते बहुत पीड़ा सहन की थी; पर वह मुश्किल से ही कभी शिकायत करता था। जब वह बोलता था, मैं सुनती थी और मई 2003 में जब मैं यह फैसला करने में उलझी हुई थी कि क्या मुझे अपना शो बंद कर देना चाहिए, मेरा मन बदलने के पीछे वही एक प्रेरक शक्ति था। यह रहा वह पत्र, जो उसने मुझे लिखा था—

''प्रिय ओपरा,

हैलो, यह मैं हूँ, मैटी···आपका दोस्त। मैं प्रार्थना और आशा कर रहा हूँ कि मेमोरियल डे के आसपास मैं घर जा सकूँगा। मैं इस बात की गारंटी नहीं दे सकता, इसलिए मैंने ज्यादा लोगों को नहीं बताया है। ऐसा लगता है कि हर बार, जब मैं घर जाने की कोशिश करता हूँ, कुछ-न-कुछ गड़बड़ हो जाती है। डॉक्टर्स मुझे दुरुस्त नहीं कर पा रहे हैं; परंतु वे मेरे घर जाने के विचार से सहमत हैं और चिंता मत करना, मैं मरने या ऐसी ही किसी चीज के लिए घर नहीं जा रहा हूँ। मैं घर जा रहा हूँ, क्योंकि वे लोग यहाँ जो कुछ कर रहे हैं, उसके सिवाय कुछ नहीं कर सकते और अगर मैं ठीक हो गया तो वैसा इसलिए होगा कि नियतिवश मुझे ठीक होना ही था और अगर मैं ठीक नहीं हुआ तो मैंने अपना संदेश दे दिया है, जो सबके सामने है और मेरे लिए स्वर्ग में जाने का समय आ गया है। व्यक्तिगत रूप से मैं उम्मीद कर रहा हूँ कि मेरे संदेश को अब भी मेरी जरूरत है, ताकि मैं कुछ और समय तक संदेशवाहक बना रह सकूँ। लेकिन वह वास्तव में ईश्वर के हाथों में है; परंतु जो कुछ भी हो, अब मुझे हफ्ते में केवल एक बार खून चटाना पड़ रहा है और यह एक बेहतर स्थिति है। भले ही सुनने में यह अजीब लगे, मैं सोचता हूँ कि यह सचमुच सुकून देनेवाला तथ्य है कि मेरे शरीर में बहुत से लोगों का रक्त और

प्लेटलेट्स दौड़ रहे हैं। इस वजह से मैं किसी तरह से दुनिया से जुड़ा हुआ हूँ और यह गर्व की बात है।

मैं जानता हूँ कि आप अपने शो की बीसवीं जयंती पर उसे बंद करने की योजना बना रही हैं। मेरी राय है कि आपको दिन में प्रसारित होनेवाले शो को बंद करने के लिए उसकी 25वीं जयंती तक इंतजार करना चाहिए। इसका कारण मुझे समझाने दीजिए। 25 का अंक मुझे स्पेशल लगता है, आंशिक रूप से इसलिए कि मैं थोड़ा वहमी हूँ और 25 एक संपूर्ण संख्या है। वह एक संपूर्ण वर्ग है और किसी चीज का चौथाई होने का द्योतक है, न कि पाँचवाँ हिस्सा, जैसा 20 का अंक है। इसके अतिरिक्त, जब मैं 25 की संख्या के बारे में सोचता हूँ, खास तौर पर किसी काम के पूरा होने या सेवानिवृत्त होने के संदर्भ में, तो न जाने क्यों मेरा मन उज्ज्वल रंगों और जीवन का आनंद लेने के विचारों से भर जाता है। मैं जानता हूँ कि सुनने में यह अजीब लगता है, पर यह सच है। आप पहले ही बहुत तरह से इतिहास बना चुकी हैं—अद्भुत और सुंदर तरीके से; फिर क्यों नहीं ऐसे गरिमामय शो, जिसने इतने सारे लोगों के दिलों को छुआ और प्रेरित किया है, को एक-चौथाई सदी तक जारी रखा जाए? मैं चाहता हूँ कि आप इस पर सोचें। बेशक, यह मेरी एक राय मात्र है, परंतु कभी-कभी चीजों के बारे में मैं शिद्दत से महसूस करता हूँ और इस बारे में भी यह मेरा एहसास है। मैं समझता हूँ, यह दुनिया के लिए—और आपके लिए भी—अच्छा है।

मैं आपसे और आप मुझसे प्यार
करती हैं,
मैटी

जैसा कि कोई भी व्यक्ति, जो मुझे जानता है कि "कभी-कभी चीजों के बारे में मुझे भी एहसास होता है।" और मेरे अंतर्मन ने मुझसे कहा कि देवदूत

जैसे इस लड़के, जो मुझे विश्वास है कि हमारे समय का एक संदेशवाहक है, की बात पर ध्यान दो।

किसी तरह से वर्ष 2003 में ही उसके मन में यह बात स्पष्ट थी कि अपने कॅरियर के उस चरण को समाप्त करने के लिए मैं न तो भावनात्मक रूप से और न अंतरात्मा से तैयार थी।

और जब मैं अंततः अपने जीवन के अगले अध्याय के लिए तैयार हुई, मैं बिना किसी खेद के—बस गरिमा और कृतज्ञता के साथ—आगे बढ़ गई। और स्वर्ग जहाँ कहीं भी हो, मैं निश्चित तौर पर जानती हूँ कि मैटी वहाँ है।

□

हर सुबह, जब उस दिन के प्रथम दर्शन के लिए मैं अपने परदे खोलती हूँ, फिर दिन भले ही कैसा भी हो—बरसाती, कुहरा-युक्त, बादलों से ढँका या खिली धूपवाला—मेरा हृदय कृतज्ञता से भर उठता है। मुझे एक और अवसर मिला है।

मैं एक बात निश्चित तौर पर जानती हूँ कि अच्छे-से-अच्छे और बुरे-से-बुरे समय में भी यह जीवन एक उपहार है। और मेरा विश्वास है कि इस बात से निरपेक्ष कि हम कहाँ रहते हैं या कैसे दिखते हैं या अपने जीवन-यापन के लिए क्या करते हैं, बात जब इसकी आती है कि असल में क्या चीज महत्त्व रखती है—कौन सी चीज हमें हँसाती व रुलाती है, दुखी करती और आकांक्षा जगाती है, प्रसन्न करती और खुशी मनाने के लिए प्रेरित करती है—दिल को लेकर हम सब एक ही सूत्र से बँधे हैं। हम बस, विभिन्न चीजों से भर लेते हैं। इनमें से 15 मेरी पसंदीदा चीजें हैं—

1. अपने बगीचे में सब्जियाँ बोना।
2. हर रविवार की सुबह स्टेडमैन के लिए ब्लूबेरी-लेमन पॅमकेक (बेसन के पीले जैसा एक व्यंजन) बनाना। वह उसे इतना उछल-उछलकर खाता है, मानो सात साल का बच्चा हो।
3. आगेवाले लॉन में चेन से मुक्त अपने सभी कुत्तों के साथ कल्लोल करना।
4. एक बारिशवाला दिन, कँपकँपानेवाली ठंडी हवा, फायरप्लेस में धू-धू जलती लकड़ियाँ।

5. बगीचे से सब्जियाँ तोड़कर लाना।
6. एक पुस्तक, जिसे छोड़ने को दिल न चाहे।
7. धरती पर मेरी पसंदीदा जगह—मेरे ओक वृक्षों के नीचे-पर पढ़ना।
8. अपने बगीचे से तोड़ी गई सब्जियाँ पकाना।
9. तब तक सोना, जब मेरा शरीर उठना चाहे।
10. पक्षियों की चहचहाहट सुनते हुए नींद से जागना।
11. कसकर व्यायाम करना, ताकि ऐसा लगे जैसे मेरा पूरा शरीर साँस ले रहा हो।
12. अपने बगीचे से तोड़ी हुई सब्जियाँ खाना।
13. शांत व निश्चल बैठे रहना।
15. कृतज्ञता प्रकट करने का आध्यात्मिक अभ्यास। जीवन में मिली नेमतों के लिए हर रोज ईश्वर को धन्यवाद देती हूँ।

□

संभावना

''ऊँची उड़ान भरें, ईथर खाएँ, वह देखें जो आज तक किसी ने न देखा हो, विदा लें, गुम हो जाएँ, पर सीढ़ियाँ चढ़ते रहें।''

—एडना सेंट विंसेंट मिले

मैं अपने भीतर छिपी संभावनाओं को और अधिक सफलता में कैसे बदल सकती हूँ? यह एक ऐसा सवाल है, जो मैं अब भी अपने आपसे पूछती हूँ, विशेष रूप से तब जब मैं सोच रही हूँ कि जीवन में आगे मुझे क्या करना है।

अपनी हर नौकरी और हर शहर, जिसमें मैं रही हूँ, में मैंने जाना है कि जब-जब मैंने महसूस किया कि मैंने वह सब हासिल कर लिया है, जो मैं कर सकती थी तो वह समय का गया है, जब मुझे किसी नई चुनौती का सामना करने के लिए वहाँ से निकल जाना चाहिए। कभी-कभी नई जगह और नए लोगों के बीच जाने से मैं डरी भी हूँ। परंतु उसने मुझे हमेशा सिखाया है कि हिम्मत का सही मतलब है डरना—और फिर चाहे आपके घुटने काँप रहे हों, चुनौती का सामना करने के लिए निकल पड़ना। उस सबसे शानदार स्वप्न, जो ब्रह्मांड ने आपके लिए तय कर रखा है, की ओर बढ़ने का एकमात्र तरीका साहसिक कदम उठाना है। अगर आप डर को खुद पर हावी होने देंगे तो वह आपको पूरी तरह से पंगु बना देगा और एक बार उसने आपको अपनी जकड़ में ले लिया तो वह आपको अपना सर्वोत्तम स्वयं बनने से रोकने के लिए लड़ता रहेगा।

जो बात मैं पक्के तौर पर जानती हूँ, वह यह है—आप जिससे या जिस चीज से सबसे ज्यादा डरते हैं, उसमें कोई शक्ति नहीं है—शक्ति आपके डर में है। खुद वह चीज आपको छू नहीं सकती। परंतु आपका डर आपसे आपका जीवन छीन सकता है। हर बार जब आप उसके आगे घुटने टेक देते

हैं, आपकी शक्ति घट जाती है, जबकि आपके डर की शक्ति बढ़ जाती है। इसीलिए आपको फैसला करना चाहिए कि आगे का रास्ता कितना ही कठिन क्यों न लगता हो, आप अपनी घबराहट के पर जाकर आगे बढ़ते जाएँगे।

कुछ साल पहले मैं हर रोज अपनी डायरी में यह प्रश्न लिखा करती थी—'मैं किस चीज से डरती हूँ?' समय बीतने के साथ मैंने महसूस किया कि जहाँ बाहरी तौर पर मैं अकसर बहादुर नजर आती रही हूँ, मैंने अपना अधिकांश आंतरिक जीवन बंधनों में गुजारा है। मैं डरती थी कि लोग मुझे पसंद करेंगे। मैं इस डर से काँप जाती थी कि अगर मैंने किसी से 'ना' कह दिया तो वह मुझे छोड़कर चला जाएगा। मैं जो कुछ करती, सोचती, महसूस करती—यहाँ तक कि खाते हुए भी—यह सब मेरे डर से जुड़ा होता था, जिसे मैं अपने साथ लिये चलती थी—और उसने मुझे कभी जानने ही नहीं दिया कि वास्तव में मैं क्या थी।

डॉ. फिल अकसर कहते हैं कि हकीकत को जानें और स्वीकार किए बिना आप खुद को बदल नहीं सकते। इससे पहले कि मैं अपने डर को चुनौती दूँ और अपने आप में बदलाव लाना शुरू करूँ, मेरे लिए यह स्वीकार करना अनिवार्य था कि हाँ, मैं हमेशा से डरी हुई थी—और यह कि मेरा डर गुलामी का ही एक रूप था। लेखक नील डॉनाल्ड वॉल्श कहते हैं, "जब तक आप इस बात से चिंतित हैं कि लोग आपके बारे में क्या सोचते होंगे, आपके मालिक वे हैं। जब आपको किसी बाहरी अनुमोदन की जरूरत न रह जाए, तभी आप अपने मालिक बन सकते हैं।"

यह सच है कि जब आप स्वयं अपने पक्ष में खड़े रहने का साहस जुटा पाते हैं, जब आप घर से बाहर निकलने, अपनी आवाज उठाने, अपने आपको बदलने या बस ऐसा कुछ करने, जिसे दूसरी सामाजिक मर्यादा का उल्लंघन मानते हैं, का साहस करें तो उसके परिणाम हमेशा सुखद नहीं भी हो सकते हैं। आप बाधाओं की उम्मीद रख सकते हैं। आप अपने प्रयासों में गिरेंगे भी। लोग आपको सनकी भी कह सकते हैं। कभी-कभी आपको ऐसा लग

सकता है कि सारी दुनिया खड़ी होकर कह रही हो कि आप क्या नहीं बन सकते और क्या नहीं कर सकते। (यह बात लोगों को नाराज कर सकती है कि उन्होंने हमेशा से आपसे जो सीमित उम्मीदें लगाई थीं, आप उनसे कहीं आगे निकल गए हैं।) और कमजोरी के क्षणों में आपके भीतर बैठा डर व आत्मसंशय आपके हिम्मत हारने का कारण बन सकता है। आप अपने आपको इतना थका हुआ महसूस कर सकते हैं कि मैदान छोड़ना चाहने लगें। परंतु इसके विकल्प तो और भी बुरे हैं। आप वर्षों तक अपने आपको एक गड्ढे में गिरा पा सकते हैं। या आप यह सोचते हुए कि 'हाय, मेरा जीवन कैसा रहा होता, अगर मैंने इस बात की चिंता न की होती कि लोग क्या सोचेंगे।' बहुत समय तक पछतावे की आग में जलते रहेंगे।

और अगर आप इसी समय फैसला करें कि आप अपने डर को हावी नहीं होने देंगे तो क्या होगा? और अगर आपने उसके साथ जीना, उसकी ऊँची-ऊँची लहरों पर सवारी करना सीख लिया तो क्या होगा? लोग आपसे जितनी उम्मीदें रखते आए थे, प्रदर्शन उसी के आस-पास रखकर आप उसका भी मजा ले सकते हैं और अंततः आप उस पर ध्यान दे सकते हैं कि अंततः आपको अपने सिवाय किसी के सामने कुछ साबित नहीं करना है। और यही निर्भीक रूप से जीने तथा सर्वोत्तम जीवन के लक्ष्य की ओर बढ़ते रहने का असली मतलब है।

□

आपके साहस का वास्तविक मापदंड यह नहीं है कि आप अपने लक्ष्य तक पहुँच पाए या नहीं; बल्कि यह है कि आप भले ही कितनी बार असफल हुए हों, आप दोबारा अपने पैरों पर खड़े होने का फैसला करते हैं या नहीं। मैं जानती हूँ; यह आसान नहीं है; परंतु यह भी मैं पक्के तौर पर जानती हूँ कि जीवन में खड़े होकर अपने सबसे दुष्प्राप्य स्वप्न को साकार करने के लिए चल पड़ने का साहस आपको जीवन का सबसे मूल्यवान पुरस्कार और सबसे बड़ा साहसिक कारनामा देगा। ठीक इस समय भले ही जीवन के किसी भी मुकाम पर हों, आप एक नई शुरुआत से बस एक विकल्प दूर हैं।

□

बाद में मेरी पहचान बनानेवाली विशेषताओं में से एक तीसरी कक्षा में सामने आई थी, जब अपने लिखे एक निबंध पर मैंने अपने शिक्षक से प्रशंसा पाई थी और मेरे सहपाठी ईर्ष्यावश फुसफुसा रहे थे, "वह अपने आपको स्मार्ट समझती है।" उसके बाद बहुत वर्षों तक मेरा सबसे बड़ा डर यह था कि दूसरे मुझे घमंडी न समझने लगें। कुछ तरह से मेरा वजन ही मेरी सफाई था—जैसे मैं अपने ढंग से कह रही हूँ, 'देख लो, मैं सचमुच नहीं समझती कि मैं तुम लोगों से बेहतर हूँ।' जिस चीज से मैं सबसे ज्यादा बचना चाहती थी, वह थी कि मैं अपने कृत्यों में दूसरों को आत्म-केंद्रित लगने लगूँ।

शुरुआत से ही लड़कियों को सिखाया जाता है कि हम अपनी प्रशंसा पर इतराएँ नहीं। हम अपनी उपलब्धियों पर सफाई देती हैं। हम अपनी प्रखरता को कम बताकर परिवार के अन्य सदस्यों और दोस्तों के लिए समतल भूमि तैयार करती हैं। हमारी इच्छा चालक की सीट पर बैठने की होने पर भी हम पैसेंजर सीट से ही काम चला लेती हैं। इसलिए, हममें से कितनी ही वयस्क होने पर भी अपनी प्रखरता छिपाए रखने की इच्छुक होती हैं। जुनून और लक्ष्योन्मुखता, जो हमें दुनिया को अपना सर्वोत्तम देने में समर्थ बनाते हैं, से भरे रहने के बजाय अपने आलोचकों का मुँह बंद करने के प्रयास में हम स्वयं को खाली कर लेती हैं।

सच यह है कि आपके जीवन में नकारात्मक बातें करनेवाले लोग कभी पूरी तरह से संतुष्ट नहीं होते। आप जीवन में चमकें या छिपी रहें, वे हमेशा भयभीत रहेंगे; क्योंकि वे अपने अधूरेपन के एहसास से कभी मुक्त नहीं हो

सकते। इसलिए उन पर ध्यान देना बंद कर दीजिए। हर बार, जब आप अपने व्यक्तित्व के किसी हिस्से को दबाती या दूसरों को आपको छोटा बताने देती हैं, ईश्वर ने आपके जन्म के साथ आपको (आपके तन-मन के) स्वामित्वधारी का जो मैनुअल दिया है, उसकी शर्तों का उल्लंघन कर रही हैं। जो बात मैं पक्के तौर पर जानती हूँ, वह यह है कि आप सिकुड़कर लघुत्तर बन जाने के लिए नहीं, खिलकर बढ़ने के लिए बनी हैं—और शानदार बनने के लिए, और असाधारण बनने के लिए, अपने आपको परिपूर्ण बनाने के उद्देश्य से हर पल का उपयोग करने के लिए।

□

सन् 1989 में मैंने गैरी जुकाव की पुस्तक 'द सीट ऑफ द सोल' का यह अंश पढ़ा था—

"हमारा हर कार्य, विचार और अनुभूति एक मंशा से प्रेरित होती है और वह मंशा एक कारण है, जो उसके प्रभाव के साथ अस्तित्व में है। अगर हम इस कारण में भागीदार हैं तो यह संभव नहीं है कि हम उसके प्रभाव में भागीदार न हों। इस सूक्ष्म तरीके से हमें हमारे प्रत्येक कार्य, विचार और अनुभूति (यानी हमारी प्रत्येक मंशा) के लिए जिम्मेदार ठहराया जाता है।··· इसलिए बुद्धिमानी इसमें है कि हम अपने भीतर फुदक रही विभिन्न मंशाओं, जो हमारे अनुभवों के मूल में हैं, को पहचानें और समझें कि कौन सी मंशा, जो हमारे अनुभवों के मूल में है, को पहचानें और समझें कि कौन सी मंशा कौन सा प्रभाव उत्पन्न करेगी और फिर इच्छित प्रभाव पैदा करने के लिए सही मंशाओं का चयन करें।"

वह मेरे लिए एक जीवन-परिवर्तनकारी पैराग्राफ था। मैंने बहुत पहले समझ लिया था कि अपने जीवन के लिए मैं खुद जिम्मेदार थी कि हमारा प्रत्येक चुनाव एक परिणाम पैदा करता है; परंतु अकसर परिणाम मेरी अपेक्षाओं से बिल्कुल मेल नहीं खाते थे। ऐसा इसलिए कि मैं उम्मीद एक चीज की करती थी, जबकि खुश करने की मेरी मंशा एक अनचाहा परिणाम पैदा करती थी। मैं अकसर महसूस करती थी कि लोगों ने मेरा उपयोग किया

और मेरा लाभ उठाया; जबकि मुझसे लोगों की अपेक्षाएँ बढ़ती जाती थीं।

परंतु मंशा के उपर्युक्त सिद्धांत ने यह समझने में मेरी मदद की कि समस्या लोग नहीं, मैं खुद थी। मैंने केवल वही चीजें करने का फैसला किया, जो 'मैं कैसी हूँ', इस सच्चाई में से उद्‌भूत होती थीं—और केवल वही चीजें करने का, जिन्हें दूसरों के लिए करने पर मुझे खुशी मिलती हो।

एक बात मैं पक्के तौर पर जानती हूँ कि ठीक इस समय आप जिस मुकाम पर हैं, उसे सृजित करने में आपकी मुख्य भूमिका रही है। अपने हर अनुभव से सीख लेते हुए, पूरी तरह सोच-समझकर अपने विकल्पों का चयन करते हुए आप अपने जीवन का निर्माण करते हैं। और ऐसे हर विचार तथा हर चुनाव के आधार में आपकी गहनतम मंशा है। इसलिए, कोई भी निर्णय लेने से पहले मैं अपने आपसे यह बुनियादी सवाल पूछती हूँ—इसके पीछे मेरी असली मंशा क्या है?

'द सीट ऑफ द सोल' का पैरा पढ़ने के बाद से मैंने बार-बार देखा है कि कैसे उपर्युक्त प्रश्न का उत्तर जानना आपकी मार्गदर्शी शक्ति बन सकता है। इसका विपरीत भी उतना ही सही है। अगर आप अपनी मंशा का परीक्षण नहीं करते तो अंतत: उन परिणामों से रू-बरू हो सकते हैं, जो आपकी प्रगति को रोकते हैं। मैंने जीवन में इतने सारे जोड़े देखे हैं, जो विवाह के बंधन में बँधे रहे, जबकि उन्हें ऐसा नहीं करना चाहिए था, सिर्फ इसलिए कि उनकी मंशा बस उतनी ही थी—जीवन की परिपूर्णता नहीं, बस शादीशुदा बने रहना। और अंतत: उनमें से हर एक जोड़ा ऐसे संबंध में था, जिसमें अंतरंगता, विकास और एक सशक्त जीवन के निर्माण की कोई गुंजाइश नहीं थी। अगर आप महसूस करते हैं कि आपके जीवन में विकास का मार्ग अवरुद्ध हो गया है और आप आगे बढ़ना चाहते हैं तो अपनी पूर्व की मंशाओं और प्रेरणाओं के परीक्षण से शुरू करें। यह काम बारीकी से कीजिए—मैंने पाया है कि मेरी सबसे सच्ची मंशाएँ अकसर छाया में छिपी रही हैं। अपने आपसे पूछिए—कैसे मेरी मंशाएँ मुझे उन

अनुभवों तक ले गईं, जिनसे मैं उस समय गुजर रहा हूँ? और अगर आप अपनी प्रकृति के अनुसार विकल्पों का चयन करते हैं तो आप ठीक वही चीज पाएँगे, जो आपका जीवन आपको देना चाहता है—आपकी सर्वोत्तम संभावनाओं तक पहुँचने का अवसर।

□

रुपए-पैसों के साथ मेरे संबंध हमेशा से मधुर रहे हैं—उस समय भी, जब मेरे पास मुश्किल से ही इतने रुपए होते थे कि उनसे कोई संबंध स्थापित किया जाए। मुझे कभी इस बात का डर नहीं रहा कि जब मेरे पास रुपए नहीं होंगे तो क्या होगा, न ही उनके होने पर मैंने कभी गुमान किया। अधिकांश लोगों की तरह मैं भी समय-समय पर मिनी वेतन राशियों को याद कर सकती हूँ। मैं समझती हूँ, हम उसे इसलिए याद रखते हैं कि वह हमारे द्वारा दी गई सेवाओं का मूल्य और कुछ लोगों के लिए, दुर्भाग्यवश, उनका स्वयं का मूल्य दरशाती हैं।

मुझे पहली बार तब महसूस हुआ कि मेरी अपनी सैलरी नहीं थी, जब मैं 15 साल की थी और श्रीमती एशबेरी के दो शैतान बच्चों की देखभाल और हर बार तैयार होते समय वह जिस तरह से अलमारी में से एक-एक पोशाक खींचकर जमीन पर पटक देती थी, उसके बाद घर की सफाई करने के लिए मुझे 50 सेंट्स प्रति घंटा मिलते थे। उसका बेडरूम हमेशा ऐसा दिखता था, मानो दिन भर के व्यवसाय की समाप्ति, जब आखिरी ग्राहक अपनी खरीदारी पूरी कर रहा हो, पर मेसीज (डिपार्टमेंटल स्टोर) का नजारा हो—जहाँ 'चारों तरफ जूते' चमकीले नैकलेसेज और ड्रेसेज बिखरे पड़े रहते हैं। (बिना यह बताए कि वह कहाँ जा रही थी और बहुत जरूरी होने पर वह कहाँ मिल सकती है) तेज कदमों से दरवाजों पर पहुँचकर वह कहती, "हाँ, एक बात डियर, घर थोड़ा सा ठीक करने में तुम्हें कोई एतराज तो न होगा?" 'बेशक, एतराज तो होगा।' मैं मन-ही-मन कहती और मुझे याद आता कि पहली बार

जब मैंने उसका घर 'ठीक' किया था, मैंने इतना बढ़िया काम किया था कि मैं सोच रही थी कि जब वह देखेगी कि मैंने न केवल उसका, बल्कि बच्चों का कमरा भी साफ कर दिया था तो वह मुझे कुछ अतिरिक्त राशि देगी। पर उसने ऐसा कभी नहीं किया। इसलिए मैंने उसकी नौकरी छोड़कर दूसरी कर ली, जहाँ मुझे ज्यादा पैसे मिलने वाले थे—एक ऐसी नौकरी, जहाँ मैं सोचती थी, मेरे काम की कद्र होगी।

'फाइव पॉइंट वन डॉलर' नाम का एक स्टोर था, जो मेरे पिता के स्टोर से ज्यादा दूर नहीं था और वहाँ मुझे डेढ़ डॉलर प्रति घंटे के पारिश्रमिक पर नौकरी पर रख लिया गया। मेरा काम था शेल्व्ज और अन्य स्थानों पर ग्राहकों द्वारा अस्त-व्यस्त कर दी गई चीजों को करीने से रखना, खाली हो गए शेल्व्ज को भर देना, जुराबों को तह लगाना। मुझे कैश रजिस्टर संचालित करने या ग्राहकों से बात करने की इजाजत नहीं थी। मुझे उस काम से बड़ी नफरत हुई। दो घंटे बीतते ही मैं लंच टाइम तक बचे और बाद में छुट्टी होने तक मिनटों को गिनने लगी। 15 साल की उम्र में भी मेरी अंतरात्मा जानती थी कि जीने या पैसा कमाने का यह कोई तरीका नहीं है। मैं इतनी ऊब गई थी, जितनी जीवन में उससे पहले या बाद में कभी नहीं ऊबी थी। इसलिए तीन दिनों बाद मैं वह नौकरी छोड़कर अपने पिता के स्टोर में काम करने चली गई—बिना वेतन के। मुझे वहाँ काम करना भी पसंद नहीं आया, परंतु मैं कम-से-कम लोगों से बात कर सकती थी और ऐसा नहीं महसूस करती थी, जैसे घंटा-दर-घंटा मेरी आत्मा को कुचला जा रहा हो। फिर भी, मैं जानती थी कि भले ही मेरे भावी जीवन का हिस्सा नहीं होगा।

जब तक मैं 17 साल की होती, मैं रेडियो में काम करते हुए 100 डॉलर प्रति सप्ताह कमा रही थी। और यही वह समय था, जब पैसों को लेकर मेरे मन में कोई दंश नहीं रहा था। मैंने फैसला कर लिया था कि अब से मैं चाहे जैसी नौकरी करूँ, मैं वही एहसास चाहूँगी, जो मुझे उस समय मिला था, जब मैंने रेडियो में काम करना शुरू किया था। काम से इतना प्यार कि आप

मुझे वेतन न दें तो भी मैं हर रोज समय पर हाजिर हो जाऊँगी और सारा दिन खुशी से काम करूँगी। उस समय भी मैं यह बात निश्चित तौर पर जानती थी कि जिस काम से आप प्यार करते हैं, उसके लिए आपको वेतन भी मिले, वेतन का हर चेक एक बोनस है तो अपने आपको आजीवन बोनस का लाभ दीजिए। अपने जुनून को अपना कॅरिअर बनाने का पूरा प्रयास कीजिए। पहले पता लगाइए कि कौन सा काम करने में आपको सबसे ज्यादा मजा आता है। फिर वही काम हासिल कीजिए।

□

मैंने पानी, पहाड़ों या जंगलों में साहसिक कारनामे कभी नहीं किए हैं, न ही मेरी नजर में एडवेंचर की यह परिभाषा है। एक बात, जो मैं पक्के तौर पर जानती हूँ, यह है—यह जरूरी नहीं है कि हमारे जीवन के सबसे साहसिक कारनामे पर्वतों की सबसे ऊँची चोटियों पर चढ़ना या दुनिया की सैर करना हो। जीवन में सबसे ज्यादा रोमांचक अपने सपनों को साकार करना हो सकता है।

हो सकता है, आप उन बहुत सी महिलाओं जैसी हों, जिनसे बीते वर्षों में मैंने बातें की हैं और जिन्होंने अपने जीवन में हर चीज और हर किसी को स्थान देने के लिए अपनी गहनतम इच्छाओं को स्थगित रखा है। और अंततः अपने भीतर के खालीपन और बेचैनी के बीच लीक से हटकर कुछ करने से हतोत्साहित करने वाली आवाजों को अनसुना करते हुए आप वह करने को निकल पड़ती हैं, जो आप जानती हैं कि आपको करना चाहिए। मैं जानती हूँ कि ऐसा न करने के बहाने ढूँढ़ना कितना आसान है : आपके पति और बच्चों को आपकी जरूरत है। वे घरेलू कार्य, जो आप मानती हैं कि आपके जीवन को दुश्वार बना देते हैं, आपका कितना समय ले लेते हैं। परंतु क्या आपने कभी सोचा है कि इतने असंतोषजनक कार्यों पर इतनी ज्यादा मेहनत करने से क्या होता है ? वह आपकी जीवन-शक्ति को नष्ट कर देता है। अंततः आप क्षीणता, अवसाद और क्रोध से ग्रस्त हो जाती हैं।

उस रास्ते पर आपको एक दिन भी बरबाद करने की जरूरत नहीं है। आप अपने जीवन में एक नई शुरुआत कर सकती हैं। नई शुरुआत अपने भीतर

झाँकने से शुरू होती है। इसका अर्थ है—भटकानेवाली चीजों से छुटकारा पाना और अपने दिल की आवाज सुनना, जिसे आप अब तक अनसुना कर रही थीं। मैंने सीखा है कि जब बाहरी तौर पर चीजें जितनी अधिक तनावपूर्ण और उलझी हुई होती हैं, भीतर से आपको उतना ही शांत होने की जरूरत होती है। आपकी अंतरात्मा आपको जिस ओर ले जाना चाहती है, उससे जुड़ने का एकमात्र रास्ता यही है।

□

बहुत साल पहले बाल्टीमोर स्थित डब्ल्यू.जे.जेड. में एक युवा टी.वी. रिपोर्टर के रूप में मुझे एक ऐसा कार्यभार सौंपा गया था, जिसे असाधारण माना जाता है। टेलीविजन के कुछ सितारों का साक्षात्कार लेने के लिए मुझे लॉस एंजिल्स भेजा गया था।

सबसे पहले तो मैं रोमांचित हो उठी थी। यहाँ मेरे लिए अपने आपको एक अच्छी साक्षात्कारकर्ता, वह भी मेरे प्रारंभिक सह–प्रस्तोता की मदद के बिना, अकेले साबित करने और अपने कॅरिअर में एक सेलेब्रिटी होने की मुहर लगाने का एक अवसर था; परंतु कैलिफोर्निया पहुँचते ही मुझे ऐसा लगा, मानो मैं हॉलीवुड के विशाल फिशबाउल में डाल दी गई कोई छोटी सी मछली हूँ। मुझे खुद पर संदेह होने लगा। मैंने सोच भी कैसे लिया कि मैं बस, उनकी दुनिया में प्रवेश करूँगी और वे लोग मुझसे बातें करने के लिए आतुर होंगे? पूरे देश से रिपोर्टर्स आमंत्रित किए गए थे। हम जैसे स्थानीय संवाददाताओं, मनोरंजन/लाइफ स्टाइल रिपोर्टर्स की भीड़ थी, जिनमें से प्रत्येक ने आनेवाले टी.वी. सीजन के उभरते हुए एक सितारे का साक्षात्कार लेने के लिए खुद को असहज, अकुशल महसूस किया। मैं अपने कहीं ज्यादा अनुभवी और बड़े शहरों से आए रिपोर्टरों के बीच खड़े होने के लायक नहीं थी।

प्रिस्किला प्रेस्ले, जो अपने एक नए शो के बारे में बताने के लिए वहाँ मौजूद थी और जिससे बात करनेवाले रिपोर्टरों की कतार में मेरा ग्यारहवाँ नंबर था, के प्रतिनिधि ने यह कहकर मुझे और भी डरा दिया था कि "आप उनसे कुछ भी पूछ सकती हैं, पर गलती से भी एल्विस (प्रेस्ले) का जिक्र

मत करना। नहीं तो आपका साक्षात्कार वहीं खत्म हो जाएगा।'' इस तरह, अब मैं न केवल सितारों और उनके प्रबंधकर्ताओं की नई दुनिया से भयभीत थी, बल्कि अपने सवालों को लेकर मैंने खुद को पूरी तरह से बँधा हुआ महसूस किया।

मैं 19 साल की उम्र से एक टी.वी. रिपोर्टर रही थी। मैंने कठिन परिस्थितियों में सैकड़ों लोगों के साक्षात्कार लिये थे और मुझे मुखातिब लोगों द्वारा खड़े किए अवरोधों को तोड़कर उन्हें सहज बना देने की कला में मैं खुद को पारंगत समझती थी। परंतु मुझे सचमुच ' सितारों' से डील करने की आदत नहीं थी। मुझे लगता था कि उनमें एक तरह की रहस्यात्मकता थी कि प्रसिद्ध होना उन्हें हम जैसे साधारण लोगों से न केवल भिन्न, बल्कि बेहतर भी बना देता है। और मैं इसी उधेड़बुन में थी कि पाँच मिनट की उस समय सीमा में एक अच्छा साक्षात्कार कैसे ले पाऊँगी; जबकि सबसे यथार्थ प्रश्न पूछने से मना कर दिया गया था।

किसी कारणवश—आप उसे संयोग भी कह सकते हैं—मुझे प्रिस्किला प्रेस्ले की कतार से हटाकर एक युवा हास्य कलाकार, जो 'मॉर्क एंड मिंडी' नामक एक नया शो शुरू कर रहा था, का साक्षात्कार लेने के काम पर लगा दिया गया। उसके बाद एक सबसे ज्यादा बेबाक, हँसोड़ और बिंदास मशहूर हस्ती के साथ मेरे जीवन के सबसे मजेदार बेलगाम, बेमिसाल साक्षात्कार के पाँच मिनट घटित हुए।

मुझे एक शब्द भी याद नहीं, जो मैंने बोला हो (परंतु मैं जानती हूँ कि मैंने मुश्किल से ही कुछ बोला होगा)। वे अक्षय ऊर्जा के स्रोत थे। मुझे याद है कि मैं सोच रही थी—यह बंदा कोई भी हो, यह इससे भी ज्यादा ऊँचाइयों को छुएगा। यह अपने ही कई अवतारों से डरता नहीं था। मुझे रॉबिन विलियम्स से बात करने में बहुत, मजा आया और उसी क्षण मैंने सीखा कि आपको सौपा हुआ साक्षात्कार जहाँ ले जाए, आपको जाना चाहिए। वे देश के हर कोने में होते थे और मुझे उनके पीछे-पीछे ही जाना था।

जब मिस प्रिस्किला से बात करने की मेरी बारी आई, निश्चित रूप से मैंने यह सबक सीख लिया था; अगर आप दूसरों को अपने पर बंधन लगाने देंगे तो जीवन में कुछ भी महत्त्वपूर्ण हासिल नहीं कर पाएँगे।

मैंने उनसे एल्विस के बारे में पूछा। वह उठकर चली नहीं गईं, बल्कि उन्होंने उसका जवाब देकर मुझ पर मेहरबानी की।

अगर जिंदगी आपको कुछ और न भी सिखाए तो इस बात पर यकीन रखिए; जब आपको मौका मिले, उसे लपक लीजिए।

□

मेरे जीवन की सबसे बड़ी सभी गलतियाँ अपनी शक्ति दूसरों को देने से उपजी हैं—इस विश्वास में कि जो प्यार दूसरे लोग मुझे देने वाले थे, वह उससे कहीं ज्यादा महत्त्वपूर्ण था, जो मुझे खुद को देना पड़ा था। मुझे याद है कि 29 साल की उम्र में मैं झूठ व कपट पर आधारित एक रिश्ते में थी और घुटनों के बल बैठकर अपने श्रीमान पुरुष के लिए रो रही थी, जिसने एक बार मुझे अपनी ही नजर में गिरा दिया था। मैं पूरी शाम उसका इंतजार करती रही थी; नियत समय से घंटों देर बाद आकर उसने मुझे उठाया और मैंने उसके देर से आने का कारण पूछने का साहस किया था। मुझे याद है, दरवाजे पर मुड़कर मेरी ओर देखते हुए उसने ये शब्द मुझे फेंककर मारे थे—"तुम्हारे साथ समस्या यह है बेबी डॉल, कि तुम समझती हो, तुम कुछ स्पेशल हो।" फिर उसने मेरे सामने दरवाजा बंद किया और वहाँ से चला गया था।

मैं अपनी चचेरी बहन एलिस को उसके बॉयफ्रेंड द्वारा यौन शोषण और मार-पीट की शिकार बनते देख-देखकर बड़ी हुई थी और मैंने कसम खाई थी कि इस तरह का व्यवहार मैं कभी सहन नहीं करूँगी। परंतु उस दिन मेरे श्रीमान पुरुष द्वारा अकड़कर चले जाने के बाद बाथरूम के फर्श पर बैठी मैं स्पष्ट रूप से देख रही थी कि एलिस और मुझमें बस इतना ही फर्क था कि मेरी पिटाई नहीं हुई थी। मेरा श्रीमान पुरुष गलत था : मैं अपने आपको स्पेशल नहीं समझती थी और समस्या यही थी कि मैं अपने साथ ऐसे व्यवहार की इजाजत क्यों दे रही थी?

इन गहराइयों को समझने के बावजूद उस रिश्ते को खत्म करने में मुझे एक साल लग गया । मैंने उम्मीद लगाए रखी और प्रार्थना करती रही कि हालात बेहतर हो जाएँ कि वह बदल जाएगा। वह कभी नहीं बदला। फिर मैं यह प्रार्थना करने लगी कि ईश्वर मुझे वह रिश्ता खत्म करने की शक्ति दे। मैं प्रार्थना करती और हालात बेहतर होने का इंतजार करती। इंतजार, और इंतजार। हर समय वही चीजें दोहराती, जो उस समय इन हालात में स्त्रियाँ किया करती थीं।

अंततः एक दिन मेरी मनोकामना पूरी हुई। जहाँ मैं ईश्वर की कृपा की प्रतीक्षा कर रही थी, वहीं ईश्वर भी मेरे एक कदम की प्रतीक्षा कर रहा था। उसे मेरे इस निर्णय की प्रतीक्षा थी कि क्या मैं घुट-घुटकर वर्तमान जीवन जीती रहूँगी या जीवन में वह मुकाम पाने का प्रयास करूँगी, जिसके लिए मैं बनी थी। मैंने यह सत्य समझ लिया था कि मैं जैसी भी हूँ, सही हूँ। मैं अपने आप में पर्याप्त हूँ।

यह रहस्योद्घाटन अपने साथ चमत्कार लेकर आया। लगभग उसी समय शिकागो में शुरू होनेवाले एक टॉक शो के ऑडिशन के लिए मुझे आमंत्रित किया गया। अगर मैं उसी रिश्ते में उलझी रहती तो मेरा जीवन वैसा कभी न होता, जैसा मैं आज जी रही हूँ।

आपके जीवन का सच क्या है ? यह जानना आपका कर्तव्य है। उसका पता लगाने से पहले आपके लिए जानना जरूरी है कि सच वह है, जो आपको सही, अच्छा और प्यारा लगे। (29 साल की उम्र के बाद से मैंने सीखा है कि प्यार चोट नहीं पहुँचाता। वह एक खुशनुमा एहसास है।) वह आपको हर दिन निष्ठापूर्वक जीने के लिए प्रेरित करता है।

आप जो कुछ करते या कहते हैं, दुनिया को दरशाता है कि आप क्या हैं। अपने लिए या कहे हुए को सच्चाई से सींच दीजिए।

□

मैं उस क्षण को कभी नहीं भूलूँगी, जब मैंने हमेशा खुद की सुनने का फैसला किया था। मुझे अब तक याद है, उस समय मैं क्या पहने हुए थी (गले का कसा हुआ नीला टॉप और काली स्लैक्स), मैं कहाँ बैठी थी (अपने बॉस के दफ्तर में), दिखने में और कुरसी पर बैठने पर कैसी लगी थी (ब्राउन लेदर खूब धँसी हुई, कुछ ज्यादा ही भरी हुई) जब मेरे बॉस—बॉल्टीमोर टी.वी. स्टेशन, जहाँ मैं काम करती थी, के जनरल मैनेजर—ने कहा था, ''तुम शिकागो में सफल हो पाओ, इसका कोई चांस नहीं है। तुम एक बारूदी सुरंग पर कदम रख रही हो, जिसे तुम देख भी नहीं सकतीं। तुम अपने हाथ से अपने कॅरिअर का गला घोंट रही हो।''

मैं बी.टी.एस. में बनी रहूँ, उसके लिए उसने अपनी हर चाल का उपयोग किया—बढ़ा हुआ वेतन, एक कंपनी कार, एक नया फ्लैट और अंततः डराना—''देख लेना, तुम कामयाब नहीं हो पाओगी।''

मैं नहीं जानती थी कि वह सही था या नहीं। मुझमें इतना आत्मविश्वास भी नहीं था कि मैं सफल हो जाऊँगी। परंतु वहाँ से उठकर जाने से पहले मैंने किसी तरह हिम्मत जुटाई और बोली, ''आपने सही कहा, मैं शिकागो में सफल नहीं भी हो सकती हूँ और भले ही मैंने बारूदी सुरंगों पर कदम रख दिया हो; पर अगर वे मुझे मार ही नहीं देते तो कम-से-कम उनसे कुछ सीखूँगी जरूर।''

उस क्षण मैंने खुशी का चयन किया—चिर स्थायी खुशी, जो हर दिन

मेरे साथ बनी रहती है, क्योंकि मैंने फैसला किया कि मैं बिना डरे आगे बढ़ती रहूँगी।

बाल्टीमोर में टिके रहना एक सुरक्षित मार्ग हो सकता था। परंतु अपने बॉस के ऑफिस में बैठी मैं जानती थी कि अगर मैंने उन्हें उसी कंपनी में टिके रहने के लिए मुझे राजी करने दिया तो मैं अपने बारे में जिस तरह से सोचती थी, उसे हमेशा के लिए प्रभावित कर देगा। मैं हमेशा सोचती रहूँगी कि अगर मैंने उनकी बात न मानी होती! तो मैं क्या होती? वह संस्था छोड़ने का विकल्प चुनने ने मेरे जीवन के लक्ष्यों को और ऊपर उठा दिया।

मैं आनंदपूर्ण संतोष की मन:स्थिति (खुशी की मेरी परिभाषा), जो हर उस चीज, जिसके प्रति मैं प्रतिबद्ध हूँ; मेरा काम, मेरे सहकर्मी, मेरा घर, आजादी और शांति से ली गई हर साँस के लिए मेरी कृतज्ञता के लिए मेरे जुनून से संचालित है, मैं जीती हूँ। और जो चीज उसे और भी सुखद बना देती है वो है इस बात का निश्चित संज्ञान कि यह खुशी मैंने सृजित की है। उसे मैंने चुना था।

□

समय कब बीत जाता है, पता ही नहीं चलता। आप में से जिनके बच्चे हैं, हमेशा इस सच्चाई से वाकिफ रहते हैं; क्योंकि आपके बच्चे निरंतर बड़े होते रहते हैं और एक दिन पूर्णतः स्वतंत्र हो जाते हैं। हम सबका भी वही लक्ष्य है—पूर्णता प्राप्त करने के लिए निरंतर विकसित होते रहना।

अपनी किशोरावस्था में भी मेरे अंतर्मन की गहराई में मुझे ऐसा आभास होता था कि विधाता ने मेरा वृहदाकार कुछ नियत किया हुआ है; परंतु वह कभी भी धन-दौलत या प्रसिद्धि पाने से संबंधित नहीं था। वह लगातार बेहतरी हासिल करने की प्रक्रिया, हर स्तर पर उत्कृष्टता प्राप्त करने की चुनौती स्वीकार करने से संबंधित था।

एक बात मैं निश्चित तौर पर जानती हूँ कि आपके सपनों की दुनिया को तभी साकार किया जा सकता है, जब आप उस प्रक्रिया को अपना लक्ष्य बना लें। इसका अर्थ यह नहीं है कि उपर्युक्त प्रक्रिया आपको धन-दौलत या प्रसिद्धि की ओर ले जाएगी। वास्तव में हो सकता है, आपके सपने का भौतिक समृद्धि से कुछ लेना-देना न हो। बल्कि उसका पूरा सरोकार ऐसा जीवन सृजित करने से हो जाता, जो खुशियों से भरी हो, जिससे कोई मलाल न हो और आपकी अंतरात्मा साफ हो। मैंने सीखा है कि हाँ धन एक ऐसा साधन है, जो आपको बहुतेरे विकल्प प्रदान करता है; परंतु वह पूरी शिद्दत से जिए गए जीवन का स्थान नहीं ले सकता और आपके भीतर की सार्थकता वह व्यक्ति बनने में है, जो बनने के लिए आप भेजे गए थे।

मैं समझती हूँ, ऐसा आप तभी कर सकते हैं, जब आप अपने भीतर से

आती बहुत धीमी आवाज, जो आपको सही मार्ग पर ले जाना चाहती है और जिसे हममें से अधिकांश सुन नहीं पाते तो सुनने की कोशिश करें। और फिर क्या होता है ? आप अपने को साकार करने का साहस होना, चाहे उसके बारे में कोई कुछ भी कहता या सोचता रहे। दुनिया में अकेले आप ही हैं, जो अपना बृहत्तर चित्र देख सकते हैं, बल्कि आप भी संपूर्ण चित्र नहीं देख सकते। सच यह है कि आप अपने जीवन में कितने भी सपने देखें, योजनाएँ बनाएँ और आगे बढ़ें, आपको याद रखना चाहिए कि आप हमेशा ब्रह्मांड के प्रवाह और ऊर्जा के संयोजन में काम कर रहे हैं।

अपनी सारी शक्ति और उत्साह से अपने लक्ष्य की दिशा में आगे बढ़ें और फिर सबकुछ उस परमात्मा पर छोड़ दें, जो सर्वशक्तिमान और सर्वज्ञ है, ताकि आपका सपना उसी की एक महान् रचना के रूप में प्रकार हो।

बड़े सपने देखें।

कड़ी मेहनत करें, बहुत कड़ी और जितना आप कर सकते थे, करने के बाद अपने किए और अपने आपको भी उसी शक्ति को समर्पित कर दें।

□

धाक

"अंग्रेजी शब्द 'क्वेश्चन' में एक सुंदर शब्द 'क्वेस्ट' (खोज) समाया हुआ है। मुझे इस शब्द से प्यार है।"

—एली विजल

अब मैं नए वर्ष पर संकल्प नहीं लेती। फिर भी, हर जनवरी में मैं उस पर काफी सोच-विचार करती हूँ कि कैसे मैं सतत रूप से आगे बढ़ सकती हूँ।

नए साल की एक सुबह मैं हवाई स्थित घर के फ्रंट पोर्च, जहाँ से समुद्र का विस्तार दिखाई देता था, में ध्यानमग्न बैठी थी। मैंने प्रार्थना की कि पूरी तरह सचेतन बने रहने के लिए मैं अधिक संकल्पित रहूँ, ताकि मेरा हर अनुभव मुझे जीवन के सार तत्त्व की ओर ले जाए। रात होते-होते एक गहन अभूतपूर्व आध्यात्मिक अनुभव के रूप में मेरी प्रार्थना फलीभूत हो गई थी।

मेरे मित्र बॉब ग्रीन और मैं पैदल सैर कर रहे थे। सूर्यास्त हो चुका था; वह अपने पीछे आकाश में चमेलिया बादलों का झुंड छोड़ गया था। पर्वत से नीचे आते बादल सागर पर फैल गए थे। उनके बीच एक छोटा सा स्थान था, जिसमें से हम चाँद देख सकते थे। हमारे चारों ओर कुहासा था और आसमान में बादल, जिनके बीच बस एक गेप था, जो अर्द्धचंद्र के हलके से प्रकाश से रोशन था।

"अरे, यह देखो!" बॉब ने कहा, वह ड्रीम वर्क्स कंपनी के लोगो जैसा दिखता है। मेरा मन करता है कि एक फिशिंग पोल के साथ वहाँ जाकर बैठूँ।"

वह अत्यंत सुंदर था।

हम टहल ही रहे थे कि बॉब मेरी ओर मुड़ा और बोला, "एक मिनट रुको।"

मैं रुक गई।

"क्या तुम उसे सुन सकती हो?" वह फुसफुसाया।

मैं सुन सकती थी। और जैसे मेरी साँसें थम गई थीं। वह खामोशी की आवाज़ थी। वहाँ पूर्ण और परम शांति थी। इतनी शांति कि मैं अपने दिल की धड़कनें भी सुन सकती थी। मैं अपनी साँसें रोक लेना चाहती थी, क्योंकि साँस लेना और छोड़ना भी शोर जान पड़ता था। वहाँ कतई कोई हलचल नहीं थी, हवा का हलका सा झोंका तक नहीं, यहाँ तक कि वायु के होने का भी एहसास नहीं था। वह कुछ नहीं और सब कुछ की आवाज थी। ऐसा लगता था, मानो कई जन्मों का जीवन उस एक स्थल पर सिमट आया था और मैं सिर्फ वहाँ खड़ी ही नहीं थी, बल्कि उसका हिस्सा बन गई थी। वह मेरे अब तक के अनुभवों में सबसे शांतिपूर्ण, सुसंगत, अंतर्ज्ञानदायक पल था—पृथ्वी पर स्वर्ग जैसा।

एक लंबे समय तक हम वहाँ खड़े रहे। श्रद्धा-युक्त विस्मय के साथ साँस रोकने की कोशिश करते हुए मेरे मन में एकाएक उद्घटित हुआ कि वह हूबहू वही चीज थी, जो मैंने दिन की शुरुआत में माँगी थी। यही 'माँगो और मिलेगा' तथा 'खोजो और पाओ' जैसी उक्तियों का अर्थ है। वह पल सचमुच जीवन के सार तत्त्व का अनुभव था। और यह मैं निश्चित तौर पर जानती हूँ : कि वह पल हम सब को हमेशा उपलब्ध है। अगर आप अपने जीवन की सतही परतों की उठा-पटक, शोर-शराबा को छीलकर फेंक दे तो दिव्य खामोशी आपका इंतजार कर रही है।

वह खामोशी आप स्वयं हैं।

यही है, जिसे मैं दिव्य व ईश्वरीय कृपा का पल कहती हूँ। मैं हमेशा के लिए उसे अपने कलेजे से लगाए रखना चाहती हूँ, और मैंने ऐसा किया है। कभी-कभी मैं सोचती हूँ कि मैं एक धमाकेदार मीटिंग में हूँ और बहुत से लोग मेरे दरवाजे से बाहर कतार में खड़े हैं और मैं अपने आपको उन सबसे तोड़कर सड़क, बादलों, चाँद, खामोशी व शांति की ओर ले जाती हूँ।

□

मेरे सामने अकसर ऐसे हालात खड़े हो जाते हैं, जिनसे निपटने के लिए मुझे कुछ नहीं सूझता। परंतु निश्चित रूप से मैं चमत्कारों में विश्वास रखती हूँ। मेरे लिए चमत्कार का अर्थ है—दुनिया को उम्मीद भरी नजर से देखना। यह जानना कि जहाँ कोई आशा और संभावना दिखाई नहीं देती, वहाँ भी वे हमेशा मौजूद होती हैं। बहुत से लोग चमत्कारों के अस्तित्व से इतने बेखबर रहते हैं कि जब वह उनके सामने घटित हो रहा होता है, वे उसे संयोग का नाम दे देते हैं। मैं उसे जिस रूप में देखती हूँ, वही कहती हूँ। मेरे विचार से, चमत्कार इस बात की पुष्टि करते हैं कि कोई ऐसी शक्ति काम कर रही है, जिसके सामने हम तुच्छ हैं। मैं मानती हूँ कि वे कभी-कभी ही घटित नहीं होते, हर रोज होते हैं, अगर हम उन्हें देख पाएँ।

मेरे अपने जीवन में चमत्कार बहुत साधारण सी चीजों में भी घटित हुए हैं, जैसे 50 मिनट से भी कम समय में 5 मील दौड़ना या एक लंबी दौड़ के बाद थककर चूर हो जाने पर लाल मिर्च और टमाटर के सूप की प्रबल इच्छा रखना; फिर रसोई पहुँचकर देखना कि मेरी मुँहबोली माँ श्रीमती ई. ने चूल्हे पर गरमागरम सूप मेरे लिए छोड़ा हुआ था। आड़ू (पीच) के रंग के सूर्यास्त, जो मेरी संध्या की सैर की समाप्ति पर रसबेरी के रंग का हो चुका होता है, को निहारना भी एक चमत्कार है। वह नाश्ते के लिए एक सुंदर ट्रे में अनार, केले और आम का होना है। वह पिचनी के गुलाबी फूलों को प्रशंसा भरी नजरों से निहारना है, जिन्हें मैंने अपने बगीचे से तोड़कर अपने शयनकक्ष में सजा दिए थे। वह उस समय भी घटित होता है, जब एक मिनी वैन सड़क

पर रुकती है और एक नवयुवती खिड़की में से सिर निकालकर खुशी से चिल्लाती है, ''टी.वी. पर आप सबसे अच्छी टीचर हैं।'' और वह खुद एक किंडरगार्टन टीचर है। वह पक्षियों का चहचहाना है, जिसे सुनकर कभी मन नहीं भरता और मैं सोचने लगती हूँ, क्या वे एक-दूसरे के लिए गा रहे हैं या खुद अपने लिए या सिर्फ इसलिए कि उन्हें सुना जा सके?

अपने सभी कुत्तों के साथ घास पर लोटपोट होने का मौका मिलना और हर तरह से फ्री संडे, जिस दिन कोई जिम्मेदारी, कोई योजना, कोई मुलाकाती न हो, का आनंद लेना भी एक चमत्कार है। वह हफ्ते भर की गहमागहमी के बाद अंततः खुद अपने साथ समय बिताने का अवसर है। लकड़ी की बनी केबिन के सामने ध्यान करना, शांत बहते पानी जैसी पत्तियों की सरसराहट, बत्तख माँ द्वारा अपने छोटे बच्चे को तैरना सिखाना। इस शानदार जीवन को जीने का आनंद महसूस करना और एक स्वतंत्र महिला के रूप में उसे जीने का अवसर पाना। भले ही मैं पक्के तौर पर और कुछ न जानती हूँ, पर इतना जरूर जानती हूँ कि जिन बड़े चमत्कारों की हम प्रतीक्षा करते रहते हैं, वे- अपनी आँखों और हृदय को खोलिए और आप उन्हें देखना शुरू कर देंगे।

□

मेरे साथ जीवन में जो कुछ अच्छा हुआ है, उम्र बढ़ना उनमें से सर्वोत्तम चीज रही है।

सुबह जब मैं सोकर उठती हूँ, मेरी नजर आभार व्यक्त करनेवाली उस प्रार्थना पर जाती है, जो मैरीन विलियम्सन की पुस्तक 'इलुमिनाटा' से ली गई है और मेरे बाथरूम की दीवार पर लगा दी गई है। मैं किसी भी उम्र की रही हूँ, मैं उन सब लोगों के बारे में सोचती रही हूँ, जो जीवन में बहुत ऊँचा मुकाम न हासिल कर सके। मैं उन लोगों के बारे में सोचती रही हूँ, जिन्हें इससे पहले कि वे धरती पर इस जीवन की खूबसूरती और वैभव को समझ पाते, ईश्वर द्वारा वापस बुला लिए गए।

यह मैं निश्चित तौर पर जानती हूँ कि हर दिन अपने भीतर दुनिया को बाल-सुलभ विस्मय से देखने की संभावना बनाए रखता है।

जैसे-जैसे मेरी उम्र बढ़ती जाती है, क्षुद्रता और सतही उद्देश्यों के पीछे भागने वालों के प्रति मैं कम सहनशील होती जा रही हूँ। जीवन में अपार संपदा है, जिसका डॉलरों से कोई लेना-देना नहीं है; जो अपने जीवन की बारीकियों और सुंदरता को समझनेवाले नजरिए और बुद्धिमानी से हासिल होती है। वह आपको सबकुछ सिखा सकता है। और यह मैं निश्चित तौर पर जानती हूँ कि अच्छे से सीखने का आनंद सबसे बड़ा पुरस्कार है।

□

मैंने बीते कई वर्षों में लगभग हर मानवीय स्थिति से संबंधित सचमुच आश्चर्यजनक कहानियाँ सुनी हैं—संघर्ष, पराजय, विजय, हार न मानने का जज्बा। परंतु मैं विरले ही किसी कहानी से इतनी अभिभूत हुई हूँ, जितनी जॉन डॉयज की कहानी से हुई थी। अक्तूबर 2000 में जॉन सिंगापुर एयरलाइंस फ्लाइट 006 पर था, जब टेक ऑफ करते समय उसमें विस्फोट हो गया। 8 3 लोगों को आग की लपटें लील गईं। जॉन और 95 अन्य बच गए। जॉन, जो अपने आपको एक बहुत ही सीधा-सच्चा प्रतिस्पर्द्धी और व्यावहारिक किस्म का आदमी बताता है, अपनी चोटों से अब भी दर्द महसूस करता है। परंतु अब वह उससे कहीं अधिक जिंदादिल है, जितना वह आग से गुजरने से पहले था।

विमान ने तूफानी मौसम में उड़ान भरी थी। विमान में प्रवेश करने से पहले उसकी अंतरात्मा ने उसे ऐसा करने से रोका था। उसने एयरलाइंस को कई बार फोन करके पूछा था, "क्या आप निश्चित तौर पर कह रहे हैं कि यह विमान उड़ान भरेगा?" क्योंकि तूफान काफी उग्र था। विमान के रनवे पर दौड़ना शुरू करते ही उसने खिड़की से बाहर झाँका। वह बारिश के सिवा कुछ नहीं देख पाया। वह विमान के आगेवाले हिस्से में बैठा था और उसने विमान की नोज को उठते हुए देखा।

परंतु वह 747 विमान गलत रनवे पर चला गया था। पहले उसने एक हलका धक्का (जैसे विमान ने सीमेंट से बने बैरियर को टक्कर मारी हो) महसूस किया, फिर एक जोरदार धक्का, जब किसी नुकीली मोटे सरिये ने

प्लेन को उसकी सीट के पासवाली साइड में एक बड़ा सा छेद कर दिया था। उसकी सीट के कसे हुए बोल्ट उखड़ गए और उसकी सीट उछलकर एक ओर जा गिरी। उसने महसूस किया कि विमान आड़ा-तिरछा चलने लगा था। और फिर वह रुक गया। उसी के शब्दों में—

"और फिर एक भीषण धमाका हुआ। आग का एक बड़ा सा गोला मेरे ऊपर से निकलकर प्लेन की नोज की ओर बढ़ा और फिर पीछे मुड़कर उसने पूरे विमान को अपनी चपेट में ले लिया, वैसे ही जैसा हम फिल्मों में देखते हैं और फिर जेट ईंधन की टंकी फटने से नैपाम की तरह उड़ गया··· वह जहाँ-तहाँ हिट करता था, आग को गोले में तब्दील कर देता था।"

"और फिर पूरी तरह से आग की लपटों से घिरा एक आदमी, एक एशियाई आदमी दौड़ता हुआ मेरे पास आया। मैं उसके नाक-नक्श देख सकता था। उसके चेहरे पर दहशत और हैरत के भाव थे, जैसे वह समझ ही न पा रहा हो कि वह जल रहा था और लगभग मर चुका था। और मुझे लगा कि मैं भी उसी स्थिति में हूँ। उस पल मैंने सचमुच सोचा कि मैं मर चुका था।"

मैंने जॉन से पूछा कि क्या वह मानता है कि ईश्वर ने ही उसे बचाया था? उसने कहा, "नहीं।" उसने कहा कि जलते हुए विमान से बाहर आने में जिस चीज ने उसकी मदद की थी, वह थी विमान में उसकी स्थिति और उसके दिमाग का काम कर जाना। धुएँ और आग से खुद को बचाने के लिए उसने चमड़े के उस बैग से अपना सिर ढँक लिया था, जिसे ले जाने के लिए उसे हतोत्साहित किया था। फिर दरवाजे पर नजर रखे हुए वह आगे बढ़ता गया था।

और फिर उसने वह बात मुझसे शेयर की जिसके बारे में मैं आज तक सोचती हूँ।

"विमान का आंतरिक भाग," जॉन ने कहा, "दांते के इन्फर्नो (नरक) की तरह दिखाई दे रहा था, जहाँ अपनी-अपनी सीट से बँधे लोग बस जल रहे थे। ऐसा लग रहा था, मानो एक आभामंडल उनके शरीरों को छोड़कर

जा रहा था, जिनमें से कुछ, दूसरों से ज्यादा उज्ज्वलता और धूमिलता इस पर निर्भर थी कि किसने कैसा जीवन जिया है।'' जॉन कहता है कि उस अनुभव को देखना, जिसे वह केवल प्रभामंडल द्वारा जलते शरीरों से निकलती प्रकाश की ऊर्जा, जो आग की लपटों से उनपर झूल रही थी, ही कह सकता था, ने उसे बदल दिया था और अधिक संवेदनशील बना दिया था। और यद्यपि वह अब भी मौत के उस करीबी अनुभव को चमत्कार नहीं कहना चाहता, वह यह जरूर कहता है, ''मैं अपनी जिंदगी इस तरह से जीना चाहता हूँ कि मेरा प्रभामंडल, जब वह मुझे छोड़कर जाए, बहुत उज्ज्वल हो।''

एक बात मैं निश्चित तौर पर जानती हूँ कि इस सुंदर ग्रह पर जीवित रहना एक अनुपम उपहार है और मैं चाहती हूँ कि यहाँ गुजारा वक्त इतना उज्ज्वल हो, जितना वह हो सकता है।

□

मैं निश्चित तौर पर जानती हूँ कि आध्यात्मिकता के अभाव में जीवन अर्थहीन है।

मेरे विचार से, अध्यात्म हमारे होने का सार है। उसे किसी विशेष धर्म या पंथ की जरूरत नहीं है। वह बस है, और इस सार को समझने की कुंजी है—वर्तमान क्षण के प्रति जागरूक होना। वह रूपांतरकारी है। वह जीवन की सार्थकता किसी दूसरे व्यक्ति की मदद के लिए अपनी पूरी शक्ति से अपना शत-प्रतिशत दिए बिना यह सोचे कि उसके कारण आपका अपना जरूरी काम रुका पड़ा है, जैसी साधारण या असाधारण चीज हो सकती है या किसी के भले के लिए प्रयास करना या संपूर्ण शांति के कुछ पलों से अपना दिन शुरू करना या सुबह-सुबह कॉफी की मनोहर खुशबू के साथ सोकर उठना, एक-एक चुस्की का मजा लेना और मजा घट जाए तो कप एक तरफ रख देना। यह मैं निश्चित तौर पर जानती हूँ कि एक खास सचेतक के साथ आपके जीवन में प्रकाश आता है। इत्मीनान से साँस लें।

मेरा पूरा जीवन एक चमत्कार है। वैसा ही आपका जीवन है। यह मैं निश्चित तौर पर जानती हूँ।

□

आप जिस भी तरह से दुनिया में आए हो, किसी या किन्हीं को आपकी चाहत थी या आपका जन्म महज एक इत्तेफाक या दुर्घटना थी (यह लेबल बरसों तक मुझ पर लगा था)। इन शब्दों को पढ़ने के लिए आपका 'होना' अद्‌भुत है।

आपके जीवन के ब्योरों की जानकारी के बिना मैं यह कह रही हूँ। जो बात मैं अच्छे से जानती हूँ, वो यह है कि प्रत्येक व्यक्ति अपने साथ आशा और दुःख, विजय और नुकसान, मुक्ति, खुशी और प्रकाश की कहानी लिये चलता है।

हर एक व्यक्ति जीवन में अपने हिस्से से सबक ले चुका है। इन शब्दों को आप कितनी अच्छी तरह से सीखते हैं, यह आप पर निर्भर है। अगर आप दुनिया को एक क्लासरूम की तरह देखना पसंद करें तो आप समझेंगे कि आपके सभी अनुभव आपको अपने ही बारे में कुछ सिखाने के लिए हैं। और यह कि आपकी जीवन-यात्रा आप नैसर्गिक रूप से जो कुछ हैं, अधिकाधिक वैसा बनने से संबंधित है। एक और चमत्कार—यह हम सबकी सामूहिक यात्रा है।

हमारे सबसे कठोर अनुभव अकसर सबसे ज्यादा शिक्षाप्रद होते हैं। जब-जब मुसीबतों से मेरा सामना हुआ है, मैंने अपने आपसे यह पूछने की कोशिश की है—"यह मुसीबत किस प्रकार की है और मुझे क्या सिखाने के लिए आई है?" उस सबक को ठीक से और अधिक परिपक्व होने का सर्वोत्तम निर्णय ले पाऊँगी।

इस धरती पर अब तक बिताए वर्षों में मेरे साथ जो कुछ भी घटित हुआ है, उनमें से मुझे सबसे ज्यादा गर्व इस बात का है कि मैं सीखने और विकसित होने के लिए खुली हूँ। मैं जानती हूँ कि हर मुसीबत, जिसे मेरा तन व मन झेल रहा है, का कोई तात्त्विक अर्थ है। और उसे समझने के लिए मैं खुली हूँ।

□

कई वर्ष पहले मुझे फिजी में कुछ समय बिताने का सौभाग्य मिला था और जब मैं वहाँ थी, मुझे सागर की लहरों की अठखेलियाँ और किनारे पर उनका टूट कर बिखर जाना देखते रहना बहुत भाता था।

मैं सागर में उठती-गिरती लहरों को जीवन रूपी इस सागर में हम मानवों की तरह देखती हूँ। हम समझते हैं कि हम दूसरों से कितने भिन्न हैं, पर वास्तव में हम भिन्न नहीं हैं। हम आकांक्षाओं, संघर्ष व विजय, बलिदान और पराजय की परिपाटियों और वेशभूषाओं से अपने आपको ढँक लेते हैं और जल्द ही भूल जाते हैं कि हम वास्तव में कौन हैं।

एक सुबह लहरों को निहारते हुए मैंने अपने कवि मित्र मार्क नेपो, जिनकी पुस्तक 'बुक ऑफ अवेकनिंग' में एक अधिक लक्ष्य-केंद्रित जीवन जीने के इतने सबक दिए हुए हैं कि अगर उनमें से एक सबक हर रोज सीखा जाए तो कम-से-कम एक साल तो निकल ही जाए, को एक इ-मेल भेजा। मार्क ने इ-मेल से जो जवाब भेजा, वह इस प्रकार था—

तुम कविता के बारे में पूछती हो

तुम एक ऐसे द्वीप से सवाल पूछती हो,
जो इतना दूर है कि उसे दुनिया की
बुरी हवाएँ नहीं लगी हैं। खामोशी
से चलना जब तक कि हर चीज में छिपा
चमत्कार कविता में मुखर न हो जाए।

> तुम अपनी आत्मा में और दैनंदिन जीवन में
> कविता तलाशती हो, जैसे सागर किनारे
> सीपियाँ ढूँढ़ते हैं। चार हजार मील दूर,
> जहाँ सूर्य बर्फ जमा देता है, मैं मुसकराता हूँ।
> क्योंकि, उस क्षण में तो तुम ही कविता हो।
> बरसों की तलाश के बाद मैं बस इतना कह
> सकता हूँ कि गहरे अर्थ से परिपूर्ण छोटी-छोटी
> चीजों की तलाश ही कविता की कला है। परंतु
> वे जो कह रहे हैं, उसे सुनना कविता है।

कविता के बारे में मैंने इस तरह से पहले कभी नहीं सोचा था; परंतु एक टापू के किनारे बैठकर मैं महसूस कर सकती थी कि मार्क ने अपने ई-मेल के शेष भाग में जो कुछ कहा था, वह भी सच था।

"मेरे लिए कविता आत्मा की अप्रत्याशित अभिव्यक्ति है। उसके जरिए आत्मा रोजमर्रा के जीवन से जुड़ती है। उसका संबंध शब्दों से उतना नहीं, अपने जीवंत होने के बोध को जगाना है, जिसे हम जन्म से ही अपने साथ लिये चलते हैं। तब तक खामोशी से चलना जब हर चीज में छिपा चमत्कार कविता में मुखर न हो जाए, जब हर चीज में छिपा चमत्कार कविता में मुखर न हो जाए—कविता है, चाहे हम उसे लिखें या न लिखें। मैं स्वीकार करती हूँ कि शुरुआत में मैं स्वयं एक कविता बनने की ख्वाहिश में विनीत और रोमांचित अनुभव करता हूँ।"

निश्चित रूप से यह एक आकांक्षा है, जो धारण करने लायक है, न केवल कविता का रसास्वादन करना, बल्कि स्वयं एक कविता बन जाना।

□

मेरे लिए आध्यात्मिकता इस बात को समझना है कि मैं पूरी सृष्टि की ऊर्जा से जुड़ी हुई हूँ, कि मैं उसका एक हिस्सा हूँ और वह हमेशा से मेरा हिस्सा रही है। उसे वर्णित करने के लिए हम चाहे जिस शब्द या लेबल का इस्तेमाल करें, उससे फर्क नहीं पड़ता।

शब्द तो पूर्णतया अपर्याप्त हैं। आध्यात्मिकता (संस्थागत) धर्म नहीं है। आप बिना किसी धार्मिक संदर्भ के आध्यात्मिक हो सकते हैं। इसका उलटा भी उतना ही सच है। आप बिना किसी आध्यात्मिक आयाम के केवल सैद्धांतिक रूप से बहुत धार्मिक हो सकते हैं।

आध्यात्मिकता ऐसी चीज नहीं है, जिसमें मैं विश्वास रखती हूँ। वह 'मैं कौन हूँ और क्या हूँ' है। यही जानने से सारा फर्क पड़ा है। वह मुझे निर्भय होकर जीने में सक्षम बनाता है और इस दुनिया में मेरे आने का उद्देश्य प्रकट करता है; बल्कि मैं तो यह कहने की भी हिम्मत करूँगी कि यह मैं निश्चित तौर पर जानती हूँ कि यह जीवन की सबसे मूल्यवान खोज है : यह समझाना कि आप अपने तन व मन से बढ़कर कुछ हैं।

बीते वर्षों में मैंने सैकड़ों पुस्तकें पढ़ी हैं, जिन्होंने मुझे आध्यात्मिक रंग में रँगने में मदद की है। विशेष रूप से उनमें से एक एकहार्ट टॉल लिखित 'ए न्यू अर्थ' ने मेरे मन को इतनी गहराई से छुआ कि उसने जिस तरह से मैं खुद को और सभी चीजों को समझती थी, उसे बदलकर रख दिया। यह पुस्तक तात्त्विक रूप से यह समझने कि आपके विचार आप नहीं हो और यह देखने कि आपका अहं-आधारित मन किस तरह से आपके जीवन पर

कब्जा कर लेता है, फिर बदलने के बारे में है।

आपका जीवन आपकी आत्मा की गुणवत्ता के सच से संचालित होगा तो आप बेवजह की जद्दोजहद से बचे रहेंगे और आपका जीवन-प्रवाह सुगम होगा। पुस्तक 'ए न्यू अर्थ' से फिर उद्धृत करूँगी—'जीवन जीने की कला का रहस्य, बल्कि सभी सफलताओं और खुशियों का रहस्य इन तीन शब्दों में समाया हुआ है—जीवन से एकीकरण। जीवन से एकीकृत होने का अर्थ है—'अब' (नाउ) से एकीकृत होना। आपको तब समझ में आता है कि अपना जीवन आप नहीं जीते हैं, जीवन आपको जीता है। जीवन नर्तक है और आप नृत्य।'

आपके वह नृत्य होने से मिलनेवाली खुशी और सुदृढ़ता की आप किसी अन्य स्रोत से मिली खुशी से तुलना नहीं कर सकते। मैंने सीखा है कि इसके लिए जरूरी है जीवन के सार तत्त्व को अनुभव करने के प्रति प्रतिबद्ध होना। और वह, जैसा एकहार्ट टॉल के साथ बातचीत में मैंने कहा है, एक निर्णय है, जिसे आप रोज लेते हैं—दुनिया में रहते हुए भी दुनियादार न बनना। □

वर्ष 2012 के बारे में इंटरनेट पर प्रसारित अफवाहें याद हैं? आप में से जो लोग (आंशिक रूप से माया कैलेंडर के चक्रों पर आधारित) वैश्विक बदलाव की भविष्यवाणियों से परिचित नहीं हैं। उनसे इतना कहना पर्याप्त होगा कि कुछ लोगों ने मानव सभ्यता का सर्वनाश किया, जबकि अन्य लोगों ने एक आध्यात्मिक क्रांति की भविष्यवाणी की थी।

बेशक, भविष्य में क्या होगा, यह कोई नहीं बता सकता; परंतु एक बात, जो मैं निश्चित तौर पर जानती हूँ, है इरादे की शक्ति। और मेरा इरादा हर वर्ष को एक उज्ज्वल संभावनाओंवाले वर्ष की तरह लेने को है। जीवन में एक ऐसा परिवर्तन लाने के लिए, जो हमें अधिक प्रामाणिकता, प्यार, स्वतंत्रता, रचनात्मकता और सहयोग से जीने के लिए प्रेरित करे, मैं अपने भीतर और दुनिया के भीतर अपनी भूमिका अदा करने की उम्मीद करती हूँ। एक व्यक्ति के आंतरिक विकास की यह मेरी सोच है—एक आध्यात्मिक क्रांति की।

मैंने वर्ष 2012 को अपने वास्तविक 'स्व' से और लोगों के जुड़ाव के वर्ष के आगमन के रूप में देखना पसंद किया; क्योंकि जुड़ाव के साथ प्रबुद्धता आती है। जब आप अपनी हार्दिक कामना से जुड़े होते हैं, जब आप दुनिया में आने के उद्देश्य से सुस्वर होते हैं और इस बारे में स्पष्ट होते हैं कि आप कैसे इस शानदार पृथ्वी की बेहतरी के लिए अपना योगदान देंगे, जीवन के प्रति आपके नजरिए में बदलाव आता है। आप अपने भीतर कुछ ऐसा महसूस करने लगते हैं, जिसे लोग 'अच्छे दिनों का पूर्वाभास' कहते हैं; पर जिसे मैं 'प्रभु की लीला' कहती हूँ। क्योंकि जब मैं वह सब कर रही हूँ, जो मेरे

तन–मन और आत्मा की संपूर्णता के लिए विधि ने नियत किया हुआ है तो मैं इस बात पर लगातार मुग्ध होती रहती हूँ कि कैसे सारी चीजें खुद–ब–खुद सही खाँचों में बैठ जाती हैं। वह ऐसा है, मानो पॉलो केल्हो के उपन्यास 'द अलकेमिस्ट' का वह सुंदर वाक्य सही साबित हो गया हो—"जब आप किसी चीज को शिद्दत से चाहते हैं तो उसे पाने में आपकी मदद करने के लिए सारा ब्रह्मांड साजिश करने लगता है।"

मेरा लक्ष्य—ब्रह्मांड आपको जो चीजें दे सकता है, उन सबके लिए ग्रहणशील बने रहना—हर साल, हर दिन।

□

ईश्वर से एक चीज मैं अकसर माँगती हूँ—कृपया मुझे बताएँ कि मैं असल में कौन हूँ?

यह एक अटपटा सवाल लग सकता है; परंतु जैसे-जैसे जिंदगी बीत रही है, मैं चाहती हूँ कि अपने अस्तित्व की सच्चाई पर से मेरी नजर कभी न हटे। फ्रेंच दार्शनिक-पादरी पियरे टेलहार्ड डि शार्डिन के ये शब्द मेरे जीवन के पसंदीदा उद्धरणों में शामिल हैं—"हम मानव नहीं हैं, जिन्हें आध्यात्मिक अनुभव होते हैं। हम अभौतिक हस्तियाँ हैं, जिन्हें मानवीय अनुभव होते हैं।"

उस अनुभव को जितना संभव हो, उद्‌देश्यपूर्ण और काव्यात्मक बना देना निश्चित रूप से मेरे मन की सबसे बड़ी आकांक्षा है।

□

एक क्षण के लिए मेरे साथ साँस लें। अपने दोनों हाथ अपने पेट पर रखें और साँस लेते हुए उसे थोड़ा फूलता हुआ अनुभव करें। फिर साँस छोड़ते हुए उसे सिकुड़कर उसे यथावत् होने दें। यह क्रिया एक घंटे में 720 बार और एक दिन में 17,000 से ज्यादा बार दोहराई जाती है—और इस बारे में आप कभी सोचते भी नहीं हैं।

साँस लेने और छोड़ने के इस जैविक अचंभे को मानकर चलना बहुत आसान है, परंतु समय-समय पर मैं पूरी तरह से शांत रहकर अपनी धड़कनों को वस्तुतः सुनती हूँ। और जब-जब मैं ऐसा करती हूँ, निश्चित रूप से जीवन के इस चमत्कार पर हैरान व मुग्ध रह जाती हूँ।

हाल ही में कटी घास के कुदरती कालीन पर नंगे पैर चलना कितना अच्छा लगता है!

एक और वाह; हर शाम, सूर्यास्त के समय पृथ्वी पर होनेवाले उस महानतम शो को निहारने के लिए मेरे मित्र और पड़ोसी मेरे फ्रंट पोर्च पर इकट्ठे हो जाते हैं। जैसे-जैसे सूर्य क्षितिज से नीचे उतरता है, हम साथ-साथ आकाश में होनेवाले शानदार लाइट शो में विभिन्न रंगों की बदलती छटाओं की तसवीरें लेते और उन्हें देख-देखकर मुग्ध होते रहते हैं।

इस बात को बहुत समय नहीं हुआ, जब एक दिन लगातार चार घंटे बारिश होती रही। मूसलधार वर्षा—और फिर अचानक वह थम गई। वाह! हर चीज—पेड़, फेंसेज, आकाश—चमकने लगे थे। प्रकृति की नित नई छवियों को देख-देखकर मेरे मुँह से निकलनेवाली वाहें कभी खत्म नहीं होतीं

और कभी-कभी तो उसके छोटे-से-छोटे उपहार भी मेरे सामने अपना वैभव खोल देते हैं। एक साल मेरे जन्मदिन पर एक फ्लोरिस्ट मित्र—जिसने हर तरह के शानदार फ्लॉवर अरेजमेंट्स की रचना की है—ने मुझे एक अनमोल उपहार दिया, जिसे मैं कभी न भूल सकूँगी; दिल के आकार की छोटी-छोटी दो पत्तियाँ। मैं उन्हें अपनी प्रिय पुस्तक एकहार्ट टॉल की 'ए न्यू अर्थ' के पृष्ठों के बीच बिछाकर रखती हूँ। हर बार जब मैं वह पुस्तक खोलती हूँ, वे पत्तियाँ मुझे याद दिलाती हैं कि जिंदगी कितनी सहज और सुंदर हो सकती है—अगर हम उसे उस तरह से देखना चाहें।

□

‘स्व’ की संपूर्ण अभिव्यक्ति की तलाश—छह शब्दों में यह मेरे जीवन की कहानी है—मैं क्या हूँ, इसकी मेरी व्यक्तिगत परिभाषा, कम-से-कम अभी के लिए। मैं उसे सूत्र रूप में कहे गए संस्मरण मानती हूँ; पर उसे लिखते समय मुझे एहसास था कि मेरे जीवन की यह परिभाषा हमेशा से जायज थी और अब भी उसी प्रक्रिया से गुजर रही है। जिन शब्दों को मैं पिछले साल इस्तेमाल करती, वे आज लागू नहीं होते; क्योंकि अगर हम सचमुच विकासात्मक विकासवाद के प्रति प्रतिबद्ध हैं तो ‘स्व’ एवं आत्माभिव्यक्ति के नए आयामों की खोज कभी बंद नहीं कर सकते।

कुछ साल पहले मैं 9,500 की आबादी वाले फेयरफील्ड, गई थी, जो मिडवेस्टर्न फार्मलैंड के ठीक मध्य में स्थित है और जहाँ अनुभवातीत ध्यान (ट्रांसेंडेंटल मेडिटेशन) के अभ्यास के लिए जानेवाले सैकड़ों लोगों द्वारा पैदा किए गए सांध्यकालीन ट्रैफिक जाम में आप कभी नहीं फँसना चाहेंगे। परंतु यही वह काम है, जो वे फेयरफील्ड में करते हैं; वास्तव में उसे अकसर टी.एम. टाउन कहा जाता है। कार्यक्रम दो सुनहरे गुंबदाकार भवनों में संचालित किया जाता है—एक पुरुषों के लिए। गृहिणियाँ, शॉप असिस्टेंट्स, इंजीनियर्स, वेट्रेसेज, वकील, मम्मियाँ, अविवाहित महिलाएँ और मैं—शांत बने रहने के एकमात्र हुए कि खामोशी वह परिवेश है, जिसमें शांति, प्रकाश और प्रेम जैसी सभी रचनात्मक अभिव्यक्तियाँ संभव होती हैं।

वह एक अति ऊर्जादायक, पर साथ ही शांतिदायक अनुभव था। मैं नहीं चाहती थी कि वह कभी खत्म हो।

जब वह समाप्त हुआ, मैं वहाँ आई थी और उसकी तुलना में अधिक परिपूर्ण अनुभव करते हुए वहाँ से चली गई। पूरी तरह आशावान्, संतुष्ट और आनंदित होकर। निश्चित रूप से यह जानते हुए कि हमारे रोजमर्रा के जीवन के पागलपन, जो हम पर चारों तरफ से हमला करता है, बीच अब भी शांति की निरंतरता मौजूद है।

केवल इसी वातावरण में आप अपने सर्वोत्तम कर्म और अपने सर्वोत्तम जीवन की रचना कर सकते हैं।

मैं अपने आप को दिन में कम-से-कम एक बार और अगर मैं परेशान हूँ तो दो बार शांति की यह स्वस्थ खुराक देने की कोशिश करती हूँ—20 मिनट सुबह और 20 मिनट शाम को। वह मुझे चैन से सोने और किसी चीज पर गहराई से सोचने में मदद करता है। वह मेरी उत्पादकता और रचनात्मकता बढ़ाता है।

आप खुद इसे आजमाएँ और मैं समझती हूँ, आप मानेंगे कि भली जादूगरनी ग्लिंडा सही थी—"तुम हमेशा से शक्तिवान् रहे हो।" आपको बस शांत रहकर उसे हासिल करना है। और जब आप शांत रहते हैं, आप अपनी संपूर्ण अभिव्यक्ति के सौभाग्य की ओर अग्रसर हो रहे होते हैं।

□

मैंने अपने आपको हमेशा (सत्य की) एक खोज समझा है। और इससे मेरा आशय है मेरा हृदय ईश्वरीय व्यवस्था (उसके सभी रूपों में) और जिस निर्दोष तरीके से ब्रह्मांड संचालित हो रहा है, उन सबके लिए खुला है।

जीवन की रहस्यात्मकता पर मैं चकित रह जाती हूँ—'इन लव विद द मिस्ट्री' रखती हूँ। उसमें शांतिदायक फोटोग्राफ्स और हम सब जिस अद्‌भुत यात्रा पर हैं, उसकी बहुमूल्यता दरशानेवाले छोटे-छोटे कथनों की भरमार है।

उनमें से अपना एक पसंदीदा अंश मैं यहाँ दे रही हूँ—

"जीवन में शक्ति का आगमन हो, हर्षोल्लास फट पड़े। आपका हृदय से अद्‌भुत सृष्टि तथा उस प्यार, बुद्धिमत्ता और शक्ति, जिन्होंने इस सबको जन्म दिया है, के प्रति आदरभाव से गद्‌गद हो जाए। अब जरूरत है हर्षोन्माद की—हर्षोन्माद, आदर भाव और भद्रता की।"

इन शब्दों से मुझे शांति और प्रेरणा मिलती है। अकसर हम उस शक्ति को अवरुद्ध कर देते हैं, जो हमारे भीतर हमेशा मौजूद और उपलब्ध है; क्योंकि हम 'करने' में ही इतना उलझे रहते हैं कि 'होना' भूल जाते हैं।

मुझे अकसर अचरज होता है कि स्टीव जॉब्स ने क्या देखा होगा, जब उनके मुँह से आखिरी शब्द ये निकले थे—"अरे वाह! अरे वाह! अरे वाह!"

मैं सोचती हूँ कि क्या यह वही विजन है, जो कैंसर के 26 वर्षीय एक रोगी की माँ ने पहले मेरे शो में मुझसे शेयर किया था। अपनी आखिरी साँस के साथ उसके बेटे ने कहा था, "ओह मॉम, यह तो बहुत आसान है।"

मैं समझती हूँ, हम अपनी राहों को जरूरत से ज्यादा मुश्किल बना लेते

हैं। 'जो है', उसका विरोध और उससे लड़ना हमें स्थायी तनाव और कुंठा की स्थिति में ले आता है; जबकि यह सब बिल्कुल भी जटिल नहीं है। दूसरों के साथ आप वैसा ही व्यवहार करें, जैसा आप उनसे चाहते हैं और न्यूटन द्वारा प्रतिपादित गति के तीसरे नियम को याद रखें। प्रत्येक क्रिया की विपरीत दिशा से आनेवाली उतनी ही शक्ति की एक प्रतिक्रिया होती है। दुनिया में जो ऊर्जा आप पैदा करते और रिलीज करते हैं, वह सभी स्तरों पर आप तक लौट आएगी।

जीवन में हमारा मुख्य काम उस ऊर्जा से जुड़ना है, जो सभी ऊर्जाओं का स्रोत है—और अपनी तरंगों को प्रेम की ऊर्जा से जोड़ना। यह मैं निश्चित तौर पर जानती हूँ।

जब आप उसे जीवन का काम बना देते हैं तो रहस्य खुल जाता है—या कम-से-कम वह रहस्य आपको तड़पाता नहीं है। वह बस हर्षोन्माद, आदर और भद्रता बढ़ाता है।

जैसे-जैसे वह दिन नजदीक आ रहा था, मैं अपनी अनभिव्यक्त खुशी को रोक नहीं पा रही थी। मैं अपने आपसे कहती—'मैं साठ बरस की हो रही हूँ। इतना लंबा जीवन जीने की मैं यह शब्द कह सकूँ और इस हकीकत का जश्न मनाने के विचार से मैं कितनी खुश थी।'

□

मैं 60 वर्ष की हो रही हूँ। मैं जीवित हूँ—स्वस्थ, हट्टी-कट्टी। मैं 60 की हो रही हूँ और—कृपया बुरा न मानें—अब मुझे इस बात से परेशान रहने की जरूरत नहीं है कि कोई मेरे बारे में क्या सोचता है। (आप जानते ही हैं, वही पुराना राग— 'क्या यह मैं सही कर रही हूँ?' 'क्या मैं यह सही कर रही हूँ?' 'मैं वह और वैसी हूँ या नहीं, जैसा मुझे होना चाहिए?')

जब मैं 60 की हुई, निश्चित रूप से जानती थी कि अब मुझे 'जैसी मैं हूँ' वैसे होने का अधिकार मिल गया है। वैसा होने में मैं जितना सुरक्षित अब महसूस करती हूँ, उतना पहले कभी नहीं किया था।

मैं उस क्षण में पहुँच गई हूँ, जिसे डेरेक वॉलकॉट ने अपनी सुंदर कविता 'लव आफ्टर लव' में इस तरह बयाँ किया है—

"...सहर्ष
आप अपना ही स्वागत करेंगी
अपने ही घर पहुँचने पर
आईने में खुद को निहारेंगी
और एक-दूसरे पर लट्टू होने
के खयाल से मुसकराएँगी।"

इस धरती पर मेरी जीवन-यात्रा जिस तरह से चली और चल रही है, उस पर मुझे विस्मय है। अपने जीवन की यादों में जितना पीछे मैं जा सकती हूँ, मैं पाती हूँ कि मेरी जिंदगी चमत्कारों से भरी पड़ी है (और यह देखते हुए कि मेरा अस्तित्व ही मेरे माता-पिता के एकमात्र मिलन और क्रीड़ा की

देन है, उससे भी पहले से)। बचपन में मिसीपी के एक मेथडिस्ट चर्च में मुझे सार्वजनिक रूप से बोलने बैप्टिस्ट लीनिंग्स, शॉटिन एवं होली घोस्ट सहित—का जो अवसर मिला था, उसने मुझे भविष्य में अकल्पनीय रूप से बहुसंख्य श्रोतागणों के बीच बोलने के लिए तैयार कर दिया था।

और अब, मैं आपसे वह शेयर करना चाहती हूँ, जो जीवन में मुझे मिला है। मैं जितने संभव हो उतने अधिक लोगों को खुलकर जीने के लिए प्रोत्साहित करना चाहती हूँ; क्योंकि कोई एक चीज, जो मैं निश्चित तौर पर जानती हूँ, यह है कि मेरे अपने मामले में जीवन के लगभग हर पहलू के प्रति खुली और ग्रहणशील रहने से मुझे बड़ी-से-बड़ी सफलता और खुशी प्राप्त हुई है।

मेरी सबसे बड़ी उपलब्धि—कड़वे अनुभवों के बाद भी लोगों की आधारभूत अच्छाई में विश्वास बनाए रखना। यहाँ तक कि अपने सबसे अंधकारमय क्षणों—यौन शोषण, 14 साल की उम्र में गर्भवती होना, झूठ और धोखे का शिकार होना—में भी मैंने लोगों के प्रति विश्वास एवं उम्मीद नहीं छोड़ी और उनके भीतर जो कुछ सर्वोत्तम था, उसे ही देखना चाहा, भले ही उन्होंने मुझे अपना निकृष्ट रूप दिखाया हो। मैंने यह विश्वास बनाए रखा कि जीवन में ऊपर चढ़ना कितना भी कठिन क्यों न हो, आगे के मार्ग को आलोकित करने के लिए प्रकाश की एक रेखा जरूरी होती है।

यह पता लगाते हुए कि हम वास्तव में कौन हैं और यह तय करते हुए कि किसने हमारे दिल में जगह बनाने का अधिकार प्राप्त किया है, हम जिंदगी का सफर तय करते हैं।

और यह भी मैं निश्चित तौर पर जानती हूँ : ईश्वर—आप भले ही उसे कैसे भी परिभाषित या संबोधित करें—हमारे साथ हैं। भरपूर जीवन देनेवाली प्राकृतिक शक्तियाँ हमारे लिए हैं। हम मानवों में हमारे रोजमर्रा के अनुभवों की संकुचित सच्चाई के सामने जो अद्‍भुत और वैभवशाली खुली जमीन फैली हुई है, उसे छोटा करके देखने की प्रवृत्ति है। परंतु साधारण में भी असाधारण छिपा हुआ है।

कभी-कभी जीवन की पवित्रता का बोध मुझे कृतज्ञतावश अपने घुटनों पर बैठने के लिए विवश कर देता है। मुझे अब भी विश्वास नहीं होता कि मिसीसिपी के मलिन देहाती परिवेश से निकली वह छोटी सी लड़की अपने खुद के विमान में अफ्रीका जाती है, ताकि वह अपने जैसे हालात में पल रही लड़कियों की मदद कर सके। ईश्वर की अद्‍भुत कृपा। सबकुछ कितना सुखद रहा है!

मैंने 60 साल के महत्त्वपूर्ण मुकाम तक पहुँचने का स्वागत विनम्रता, आभार-प्रदर्शन और खुशी के साथ किया—निश्चित रूप से यह जानते हुए कि ईश्वर की कृपा ही मुझे सुरक्षित यहाँ तक लाई है और वही मुझे आगे भी ले जाएगी।

□

सुस्पष्टता

"पहले अपने आपसे कहिए कि आप क्या बनना चाहते हैं और फिर वह सब कीजिए, जो करना जरूरी है।"

—एपिक्टेटस

इससे पहले कि मैं 'ना' कहना सीखती, मैं 40 साल की हो चुकी थी। टेलीविजन में मेरे कॅरिअर के आरंभिक वर्षों में लोगों के दुःख-दर्द समाज के सामने लाने के मेरे काम से उनके भावुक हो जाने से मैं अभिभूत हो जाती थी। कुछ लोग तो मुझ तक पहुँचने की गरज से बस का टिकट खरीदने के लिए अपनी आखिरी दमड़ी तक खर्च कर देते थे, बच्चे अपने घर छोड़कर भाग जाते थे और अत्याचार की शिकार महिलाएँ अपने पतियों को छोड़कर मेरे स्टूडियो के दरवाजे तक पहुँच जाती थीं—इस उम्मीद में कि मैं उनकी मदद करूँगी। उन दिनों घर से भागी किसी लड़की को उसके परिवार से मिलाने की कोशिश या किसी महिला, जो आत्महत्या को धमकी दे रही थी, से देर तक फोन पर बात करने में अपनी बहुत सी ऊर्जा खर्च किया करती थी। मैंने अपने आपको चेक पर चेक फाड़ते हुए पाया। समय बीतने के साथ यह चलन मुझ पर भारी पड़ने लगा। मैं लोगों को वह सब देने, जिसकी वे मुझसे उम्मीद करते थे, में इतनी व्यस्त हो गई थी कि मैं उस पर ध्यान देना ही भूल गई कि वे मामले कौन से थे, जिनमें मैं सचमुच संबंधित व्यक्तियों की मदद करना चाहती थी। लोगों को खुश करने की बीमारी ने मुझे जकड़ लिया था—और अकसर, इससे पहले कि मैं उसके निहितार्थ समझ पाऊँ, मेरे मुँह से 'हाँ' निकल पड़ता था।

इस बीमारी का स्रोत मैं अच्छी तरह से जानती थी। उत्पीड़न के इतिहास में दर्ज होने का अर्थ लोगों की सीमाएँ तय न कर पाने का इतिहास भी था। बाल्यावस्था में एक बार आपकी व्यक्तिगत सीमाओं का अतिक्रमण होने के

बाद लोगों को आप पर हावी होने से रोकने की हिम्मत दोबारा हासिल करना कठिन होता है। आप जो कुछ हैं, उसके कारण लोगों द्वारा अस्वीकार कर दिए जाने से डरते हैं। इसलिए, बरसों तक मैंने लगभग हर उस व्यक्ति, जिसने मुझसे कुछ माँगा हो, को हर संभव चीज देने में अपना जीवन बिताया। मुझे क्या करना चाहिए और कैसी होनी चाहिए, इसको लेकर लोगों की अपेक्षाएँ पूरी करते चले जाने की कोशिश में मैं खुद को गरीबी में धकेल रही थी।

जिस चीज ने मुझे इस रोग से मुक्त किया, वह थी मंशा के सिद्धांत की समझ। मैं एक बार फिर गैरी जुकाव लिखित पुस्तक 'द सीट ऑफ द सोल' का अंश उद्धृत करूँगी—"हर कार्य, विचार और अनुभूति किसी मंशा से प्रेरित होती है और मंशा उस कारण से प्रेरित होती है, जिसका एक प्रभाव होता है। अगर कारण में हमारी भागीदारी है तो हमारे लिए यह संभव नहीं है कि हम उसके प्रभाव में भाग निकलें। इस गहन रूप में हम अपने हर कार्य, विचार और अनुभूति—अर्थात् हमारी हर मंशा के लिए उत्तरदायी होते हैं।"

मैंने, जब असल में 'ना' कहना चाहती थी, मेरे 'हाँ' करने के पीछे अपनी मंशा की जाँच शुरू कर दी। मैं लोगों से 'हाँ' इसलिए कहती थी कि कहीं वे मुझसे नाराज न हो जाएँ कि वे मुझे एक भली औरत समझें। मेरी मंशा लोगों को यह एहसास कराने की थी कि मैं वह इनसान थी, जिस पर वे निर्भर रह सकते थे, आधी रात को भी जिसका दरवाजा खटखटा सकते थे। और मेरे प्रयासों का ठीक यही नतीजा सामने आता था—जीवन के हर पहलू से संबंधित लोगों की गुजारिशें।

इस तथ्य को समझना शुरू करने के कुछ समय बाद ही मुझे एक आदमी का फोन आया, जो काफी मशहूर था और अपनी संस्था के लिए मुझसे दान की राशि चाहता था। वह एक बहुत बड़ी राशि थी और मैंने उसे कह दिया कि मुझे उस पर सोचना पड़ेगा। मैंने जिन बातों पर विचार किया, वे ये थीं कि क्या यह एक ऐसा उद्देश्य है, जिसमें मैं सचमुच विश्वास रखती हूँ? नहीं। क्या मैं सचमुच सोचती हूँ कि माँगे गए चेक पर साइन करने से किसी

तरह का कोई फर्क पड़ेगा ? नहीं। फिर मैं ऐसा क्यों करूँगी ? क्योंकि मैं नहीं चाहती कि यह व्यक्ति मुझे कंजूस समझे। अब मुझे वह एक उचित कारण नहीं जान पड़ता था।

मैंने कुछ शब्द लिखे, जिन्हें मैं अब अपनी डेस्क पर रखती हूँ—"अब मैं कभी किसी के लिए ऐसा कुछ नहीं करूँगी, जिसे करने के लिए मेरा दिल न कहे। मैं किसी ऐसी मीटिंग में भाग नहीं लूँगी, न किसी को फोन करूँगी, न पत्र लिखूँगी; किसी ऐसी गतिविधि को न तो प्रयोजित करूँगी और न उसमें भाग लूँगी, जिसके लिए मेरा रोम-रोम 'हाँ' न कह दे। इन मामलों में मैं बस अपने प्रति सच्ची रहूँगी।"

किसी को भी 'हाँ' कहने से पहले अपने आपसे पूछें—मेरी सच्ची मंशा क्या है ? वह आपके दिमाग से नहीं, आपके पवित्रम भाग से आना चाहिए। अगर इस बारे में आप जल्द फैसला न कर पा रहे हों तो अपने अंतर्मन का फैसला सुनने के लिए स्वयं को कुछ समय दीजिए। अगर वह सही है तो आपका पूरा शरीर वैसा महसूस करेगा।

यह मैं निश्चित तौर पर जानती हूँ कि दूसरों को खुश करने की बीमारी से छुटकारा पाने से पहले मेरे मन में इस संबंध में स्पष्टता जरूरी थी कि मैं खुद कौन थी। जब मैं यह मान चुकी थी कि मैं एक शालीन, दयालु और दानशील व्यक्ति थी, तो भले ही मैं सामनेवाले व्यक्ति को 'हाँ' कहूँ या 'ना', मुझे कुछ साबित करने की जरूरत नहीं थी। एक समय मैं इस बात से डरती थी कि लोग कहेंगे, 'अपने आप को न जाने क्या समझती है।' अब मुझमें हिम्मत है कि स्थिर खड़ी रहकर कह सकूँ, 'देख लो, मैं ऐसी हूँ।'

□

अपने काम को लेकर मैं उतनी तनावग्रस्त नहीं हूँ, जितना लोग सोच सकते हैं। बीते वर्षों में मैंने क्या होना चाहिए था, क्या गलत हो रहा है या आगे कौन सी समस्या आ सकती है, जैसी बातों पर चिंता करने के बजाय अपनी ऊर्जा को वर्तमान में केंद्रित करना; पल-पल जो कुछ हो रहा है, उसकी जानकारी रखना; सीख लिया है। फिर भी, मुझ पर काम का इतना बोझ है कि अगर मैं अपने आपको शिथिल करने का कोई रास्ता न खोजूँ तो पूरी तरह से प्रभावहीन और संभवतः थोड़ी पागल भी हो जाऊँगी।

हममें से कोई भी बिना रुके भागने के लिए नहीं बना है। इसलिए जब आप तन व मन के लिए जरूरी समय और देखभाल नहीं देते तो बीमारी और थकान के रूप में आपका शरीर बगावत कर देता है। अपने शरीर की सेवाओं के बदले में मैं उसे क्या दे सकती हूँ? शायद ही ऐसा कोई दिन बीतता होगा, जब मैंने लगभग हर मसले पर गेल से चर्चा न की हो। लगभग हर रात मैं गरम पानी से स्नान कर एक-दो मोमबत्तियाँ जला लेती हूँ। यह अप्रामाणिक लग सकता है, परंतु एक मिनट तक मोमबत्ती पर ध्यान केंद्रित करते हुए गहरी और शिथिल करनेवाली साँसें लेना और छोड़ना बहुत शांतिदायक है। सोने से ठीक पहले मैं ऐसी कोई चीज देर रात दिखाए जानेवाले समाचारों सहित न पढ़ती हूँ और न देखती हूँ, जो मेरे मन में चिंता पैदा करे। और चूँकि मैं अशांत कर देनेवाले सपने पसंद नहीं करती, कठिन स्थितियों का सामना दिन में करके मैं अपनी नींद को संरक्षण देती हूँ। मैं अनियमित रूप से कृतज्ञता-डायरी भी लिखती हूँ और कामकाजी दिन की समाप्ति पर एक बढ़िया सा

उपन्यास पढ़कर या अकेले शांत बैठकर इसी को मैं 'दिमाग को छुट्टी देना' कहती हूँ—खुद को तनाव-मुक्त करती हूँ।

महिलाएँ होने के कारण हमें 'जो सबके लिए अच्छा और सही है' के नाम पर हर चीज का बलिदान करने के लिए प्रोग्राम किया गया है। और अगर हमारी पसंदीदा चीज के कुछ टुकड़े बच गए हों तो हम उन्हें ले सकती हैं। हमें अपने सिस्टम में से उस प्रोग्राम को हटाना होगा। मैं निश्चित तौर पर जानती हूँ कि जो चीज आपके पास नहीं है, उसे आप दूसरे को नहीं दे सकतीं। अगर आप उस हद तक अपना क्षय होने देती हैं कि आपका भावनात्मक एवं आत्मिक टैंक खाली हो जाए और आप केवल आदत की भाप से संचालित हो रही हों तो सभी घाटे में रहते हैं, विशेष रूप से आप।

मैंने एक बार एक शो रिकॉर्ड किया था, जिसमें जीवन जीने की कला सिखाने वाला एक गुरु अपनी देखभाल खुद करने की अवधारणा पर चर्चा कर रहा था—वहाँ उपस्थित श्रोताओं ने शोरगुल मचाकर उसे आगे बोलने नहीं दिया था। महिलाएँ इस सुझाव मात्र से उत्तेजित हो जाती थीं कि उन्हें अपनी जरूरतों को अपने बच्चों की जरूरतों से आगे रखना चाहिए। चीजों को सही परिप्रेक्ष्य में रखने के लिए मैंने हस्तक्षेप किया—कोई आपसे यह नहीं कह रहा है कि आप अपने बच्चों को छोड़ दें और उन्हें भूखा मर जाने दें। लाइफ कोच बस यही सलाह दे रहे थे कि पहले आप खुद को पोषित करें, जिससे आपको मिला अतिरिक्त पोषण उनको दे सकें, जिन्हें आपकी सबसे ज्यादा जरूरत है। यह विमान के चालक दल द्वारा ऑक्सीजन मास्क पहने जाने का सिद्धांत है : अगर आप वह मास्क पहले नहीं पहनेंगे तो आप किसी और को भी नहीं बचा पाएँगे।

इसलिए रुकिए और अपनी आवश्यकताओं पर ध्यान दीजिए। विचार-शून्य हो जाइए। चीजें जैसी चल रही हैं, चलने दीजिए। और अपने आपको याद दिलाते रहिए कि सिर्फ यही पल, जो आप निश्चित रूप से जानते हैं, आपके पास है।

□

जो चीज मैं निश्चित तौर पर जानती हूँ, यह है कि आपकी साँस आपको थामे रखती है; एक उपहार है, जो आपको मिला हुआ है—हम सबको मिला हुआ है, ताकि हम अपना ध्यान ठीक इस पल पर केंद्रित कर सकें। मैं जब भी एक ऐसी स्थिति से गुजरती हूँ, जिसमें तनावग्रस्त होने की थोड़ी भी संभावना हो तो मैं रुक कर गहरी साँस लेती हूँ और उसे छोड़ देती हूँ। क्या आपने कभी ध्यान दिया है कि आप अकसर अनायास ही अपनी साँस रोक लेती हैं ? अगर आप इस पर ध्यान देना शुरू करें तो यह पाकर आप चकित हो सकते हैं कि आप अपने भीतर कितना तनाव लिये चलते रहे हैं। जिस चीज पर आपका नियंत्रण नहीं है, उसे ईश्वर पर छोड़ देने और जो चीज ठीक आपके सामने है, उस पर दोबारा केंद्रित करने के लिए धीमे से एक गहरी साँस लेने, फिर छोड़ने और यही क्रिया कुछ देर तक दोहराने से बढ़कर कोई चीज प्रभावी नहीं हो सकती।

□

मैं एक चीज स्वीकार करना चाहूँगी : मुझे समुद्र पर उड़ते विमान में बैठने से डर लगता है। यद्यपि मैं जब भी एक विमान में कदम रखती हूँ, एक विश्वास की उड़ान मेरे सामने होती है—एक ऐसी चीज में विश्वास, जो मुझसे कहीं अधिक शक्तिशाली है—वैमानिकी, ईश्वर, समुद्र पर उड़ता मेरा विमान मुझे विश्वास रूप से विचलित कर देता है। (मैं उतनी अच्छी तैराक नहीं हूँ) परंतु जब मुझे महाद्वीपों को पार करना ही पड़ता है तो मैं कर लेती हूँ, क्योंकि मैं अपने डर से बड़ी होना चाहती हूँ।

मैंने हवाईयन पर्वत पर एक घर न सिर्फ इसलिए खरीदा कि वह स्वर्ग की मेरी कल्पना के अनुरूप था, बल्कि इसलिए भी कि वहाँ पहुँचने के लिए मैं जब-जब प्रशांत महासागर को पार करूँगी, मैं अपने डर को चुनौती दे रही होऊँगा।

कुछ साल पहले क्रिसमस के अगले दिन मेरा विमान इतने लंबे समय तक आसमान में रहा कि हम लोग लंच लेने के बारे में सोचने लगे। मेरे मित्र बॉब ग्रीन की पत्नी यूरेनिया क्रिसमस डिनर का बचा-खुचा भोजन ले आई थी।

"मेरे लिए कुचले हुए आलू अब और नहीं।" मैंने कहा, "मैं टर्की—अगर हो तो—और हरी बींस लूँगी।"

हमारी विमान परिचारिका कैरिन टेबल पर झुकी। मैं समझी कि वह कहने वाली है, 'डार्क मीट खत्म हो गया है।' पर नहीं, उसने शांत लहजे में कहा, "विमान का विंडशील्ड हलका सा तड़क गया है। हम वापस लौट रहे हैं।"

"ओह!" मैंने जवाब दिया।

''कैप्टन चाहता है कि आप लोग अपनी सीट बेल्ट्स बाँध लें और ऑक्सीजन मास्क के लिए तैयार रहें।''

''ऑक्सीजन मास्क? मेरे कुत्तों का क्या होगा?'' वे पास में ही सुस्ता रहे थे।

''उन्हें कोई समस्या न होगी।'' कैरिन ने कहा, ''हम दो हजार फीट नीचे उतरने जा रहे हैं।''

यद्यपि मैं उसके धैर्य की नकल करने की कोशिश कर रही थी, मैं महसूस कर रही थी कि मेरा दिल जोरों से धड़क रहा था। मेरा स्वर भी ऊँचा हो गया था। मेरा दिमाग दौड़ रहा था : ऑक्सीजन! खतरा! ऑक्सीजन! खतरा! मैं तो तैर भी नहीं सकती! ओ मेरे प्यारे ईश्वर!

किंतु मैं बोली नहीं। कैरीन ने बाद में बताया था कि मेरी आँखें डर से आलूबुखारा जैसी हो गई थीं। स्टेडमैन, जो एक चट्टान की तरह स्थिर था, ने मेरा हाथ अपने हाथों में लिया, मेरी आँखों में देखा और बोला, ''तुम सकुशल रहोगी। ईश्वर तुम्हें यहाँ तक इसलिए नहीं लाया है कि तुम्हें छोड़ दे। यह याद रखना।''

दरार फैल गई थी और विंडशील्ड का पूरा बायाँ हिस्सा टूट-फूट गया था। हम अपनी सीटों से वह नजारा देख सकते थे। व्हूश, थंप, व्हूश, थंप। मैं उस विमान की सभी परिचित आवाजों को जानती थी, पर यह आवाज कुछ भिन्न थी। 40,000 फीट की ऊँचाई पर ऐसी भिन्न आवाजें सुनना मुझे पसंद नहीं है।

''यह शोर किस चीज का है, कैरिन?''

''हम केबिन के भीतर दबाव को कम कर रहे हैं, बहुत तेजी से नीचे उतर रहे हैं और यह आवाज ऑक्सीजन पंप की है। किसी संभावित खतरे का सामना करने के लिए पायलट्स ऑक्सीजन पर हैं।''

मैंने नहीं पूछा, 'संभावित खतरा? कैसा खतरा?' क्योंकि उसका उत्तर हम सब जानते थे। वह विंडशील्ड फट जाए तो क्या होगा?

दोनों पायलटों—टेरी और डैनी—ने विमान जमीन पर उतार दिया था। मैंने घड़ी देखी : 27 मिनट में लैंडिंग हुई थी। मैंने सोचा कि अगर मैंने अपनी अंतरात्मा की आवाज सुनी होती और आज यह यात्रा न करती तो क्या होता? उस सुबह कितनी ही बार मैं वह यात्रा रद्द करना चाहती थी। मैं असहज महसूस कर रही थी, जैसे कोई शक्ति मुझे अनचाहा काम करने के लिए धकेल रही हो। मैंने बॉब ग्रीन को फोन करके कहा था, "शायद आज मैं न निकलूँ।"

"क्यों?" उसने पूछा।

"बस, मन नहीं कर रहा। तुम क्या सोचते हो?"

"मैं सोचता हूँ, तुम्हें अपनी अंतरात्मा की आवाज से सलाह लेनी चाहिए।"

मैंने नहाने चली गई थी, क्योंकि बाथ टब ही वह जगह है, जहाँ मैं सबसे अच्छी तरह से सोच सकती हूँ। मैं यह सोचकर बाथरूम से निकली थी कि मैं पायलटों को फोन करके यात्रा स्थगित कर दूँगी। पर मैंने ऐसा नहीं किया। मैंने असहजता के उस एहसास को दबा दिया। अगर मैंने ऐसा न किया होता तो भी क्या विंडशील्ड दरकती? बेशक। परंतु क्या विमान समुद्र पर ही उड़ रहा होता, जहाँ लैंडिंग की गुंजाइश ही न होती?

मैंने एक बार फिर घड़ी पर नजर डाली—विमान ने लैंड होने तक 26 मिनट और 12 सेकंड लिये थे।

घड़ी देखते हुए मुझे लगा कि इस तरह के बेतरतीब विचार मुझे कहीं नहीं ले जाएँगे। इसलिए मैंने पढ़ना शुरू कर दिया। जल्द ही मेरा मन शांत हो गया। परिणाम चाहे जो हो, हम सब सकुशल घर पहुँच जाएँगे। व्हूश, थंप, व्हूश, थंप की आवाज अब सुकून देनेवाली बन गई थी : ऑक्सीजन! लाइफ! ऑक्सीजन! लाइफ!

अंततः, हम सब सकुशल उतर गए। विंडशील्ड बदल दी गई थी और उससे अगले दिन पायलटों ने कहा, "अब हम कभी भी उड़ सकते हैं—जब भी आप तैयार हों।" क्या मैंने इतनी जल्दी दोबारा समुद्र पर उड़ने की हिम्मत

की ? उस घटना से मेरे लिए क्या सबक था ? क्या मैंने उसे सीखा ?

यह मैं निश्चित तौर पर जानती हूँ कि जब आपका आंतरिक जी.पी.एस. काम न कर रहा हो तो समझो, मुसीबत आपका इंतजार कर रही है। आपका सहज बोध आपका कंपास है। वह मुझे उपलब्ध था, अब भी उपलब्ध है। मुझे निश्चित पता है। उस अघटित हादसे में मैंने भटकनेवाली चीजों को सिस्टम से निकाल देने और अपने भीतर से आ रही आवाज सुनने के महत्त्व को दोबारा सीखा।

□

जीवन के सबसे महत्त्वपूर्ण सवालों में से एक, जो एक स्त्री अपने आपसे पूछ सकती है, यह है कि मैं वास्तव में क्या चाहती हूँ—और उसे पाने के सर्वोत्तम मार्ग के बारे में मेरी आत्मा क्या कर रही है?

मेरा जवाब अंततः मुझे स्त्रियों और लड़कियों की सेवा करने के मेरे जुनून की ओर ले गया। गरीबी और शोषण की शिकार एक लड़की होना क्या होता है, इसकी मुझे गहरी समझ है और मैं मानती हूँ कि आजादी का द्वार—वह इंद्रधनुष, जो सोने के घड़े की ओर ले जाता है, शिक्षा है। मैंने यह समझना शुरू कर दिया कि उन साहसी स्त्रियों, जो अपनी मरजी की मालिक थीं और अपनी शक्ति के बारे में जानती थीं, की एक पीढ़ी के उत्थान में सबसे अधिक प्रभावी होने के लिए मुझे अपने समय, सरोकारों, संसाधनों और संवेदना के उपयोग के मामले में अत्यधिक फोकस्ड रहना होगा। मैं जानती थी कि मैं हर मरते हुए बच्चे को बचा नहीं सकती और न बालिका उत्पीड़न के हर मामले में हस्तक्षेप कर सकती हूँ। हममें से कोई भी नहीं कर सकता। परंतु जब एक बार मेरे मन में स्पष्ट हो गया कि मैं उन्हें क्या देना चाहती थी, बहुत सी ऐसी चीजें, जो मेरे उस इरादे से सुसंगत नहीं थीं स्वाभाविक रूप से मेरी कार्ययोजना से बाहर हो गईं।

अपने अभियान पर ध्यान केंद्रित करने के उन वर्षों ने मुझे बाहरी दबावों और भटकावों से बचने और अपने अंतर्मन की आवाज से सुर मिलाने—वह आभास पैदा करने कि 'रुको, यहाँ कुछ गड़बड़ है। रुको और स्थिति से तालमेल बिठाओ।' से संबंधित एक धाँसू सबक सिखाया था। मेरे लिए

अकसर संशय का अर्थ है वर्जना। आगे कदम मत बढ़ाओ। जवाब मत दो। जल्दबाजी मत करो। जब मैं 'मेरा अगला कदम क्या होना चाहिए', इस बारे में अनिश्चय के दलदल में फँस जाती हूँ, जब मुझे वह करने के लिए कहा जाता है, जिसको लेकर मेरे मन में कोई उत्साह नहीं होता, वह मेरे लिए रुकने का संकेत होता है—जब तक मेरी सहज वृत्ति आगे बढ़ने का सिग्नल न दे दे, निश्चल रहने का। मैं मानती हूँ कि अनिश्चय की स्थिति मेरी अंतरात्मा के फुसफुसाने का तरीका है। "मैं पसोपेश में हूँ। निर्णय लेने में मैं तुम्हारी मदद नहीं कर सकती। यहाँ कुछ गड़बड़ है।" मैं उसे एक इशारे के तौर पर लेती हूँ कि कोई निर्णय लेने से पहले मुझे उस मसले पर पुनः ध्यान केंद्रित करना होगा। जब ब्रह्मांड मुझे सर्वोत्तम मार्ग चुनने के लिए बाध्य करता है, वह मुझे कभी 'हो सकता है', 'क्या मुझे यह निर्णय लेना चाहिए' या 'शायद इस स्थिति में नहीं छोड़ता। मैं हमेशा निश्चित तौर पर बता सकती हूँ कि मेरी अंतरात्मा कब मुझे अपने निर्णय के साथ आगे बढ़ने का संकेत दे रही है; क्योंकि मेरे भीतर का जर्रा-जर्रा एक स्वर में कहता है, 'हाँ!'

□

अपने पचासवें जन्मदिन के आसपास मैं समय को लेकर इतनी अधिक जागरूक हो गई, जितनी उससे पहले कभी नहीं हुई थी। मैंने अपने मन की गहराइयों में अचानक महसूस किया कि जीवन में अब बहुत सीमित समय बचा है और यह एहसास मेरे हर काम में दिखाई देने लगा, नहीं यह तय करने लगा कि मैं हर बात पर कैसी प्रतिक्रिया व्यक्त करती हूँ। उसने मुझे हर अनुभव, हर जागृति (मेरा सौभाग्य है कि मैं अब तक जीवित हूँ; मेरे पास आज चीजों को ठीक करने का एक और अवसर है) के प्रति अधिक सचेत और समझदार बना दिया है। मैं अब भी अपने सभी अनुभवों से (कड़वे अनुभवों से भी) कुछ सीखने का प्रयास करती हूँ। धीमें-धीमें साँस लेने तथा इस दुनिया और ब्रह्मांड की अन्य सभी जीवनदायिनी ऊर्जाओं से जुड़ी हुई महसूस करने के लिए मैं हर सुबह कुछ समय निकालती हूँ, चाहे एक मिनट के लिए ही सही। मैंने पाया है कि अनंतता से अपने संबंधों को पहचानने से नश्वर अस्तित्व भी अधिक प्रिय लगने लगते हैं।

एक बात, जो मैं निश्चित तौर पर जानती हूँ, वह है कि एक मानव के तौर पर आपके मिशन को पूरा करने के उद्देश्य से बस 'होने' के लिए अपने आपको समय देना जरूरी है। इसलिए रविवार मैं अपने आपको देती हूँ। कभी-कभी मैं अपना सारा दिन पाजामे में बिताती हूँ : प्रकृति से एकाकार होने के लिए कभी-कभी मैं पेड़ों के नीचे चर्च स्थापित कर लेती हूँ। रविवार को अधिकांश समय मैं कुछ नहीं करती—कम-से-कम गंभीरता से कुछ नहीं करती—और इस तरह अपने तन व मन को शिथिल कर लेती हूँ। जब

कभी मैं रविवार इस तरह से नहीं मना पाती, हफ्ते के बाकी बचे दिनों में मैं अपने मूड में एक निश्चित बदलाव देखती हूँ। मैं निश्चित तौर पर जानती हूँ कि जो चीज आप खुद को नहीं दे सकते, वह किसी और को भी नहीं दे सकते। ऐसा न करके आप अंततः भीतर से खाली हो जाएँगे या कम-से-कम आप अपने लिए, अपने परिवार के लिए, अपने काम के लिए जो कुछ बन सकते थे, उससे कमतर बन पाएँगे। खुद अपने लिए अपने भीतर के कुएँ को खाली होने पर भरते रहिए और अगर आप सोचते हैं कि यह सब करने के लिए आपके पास समय नहीं है तो आप वास्तव में कह रहे हैं कि "अपने आपको देने या अपने लिए जीने के लिए मेरे पास जिंदगी ही नहीं है।" और अगर अपने लिए जीने के लिए आपके पास जीवन ही नहीं है तो आप इस जगत् में क्यों हैं?

लगभग एक दशक पहले मैंने एक बड़ा सबक सीखा। जब से मैंने अपने आप को समय देने के लिए रविवार का दिन तय किया था, उस दिन पूरे दिन फोन की घंटी बजती रहती थी। मैं फोन उठाकर बात तो कर लेती थी, परंतु मन-ही-मन कॉलर को कोसती रहती थी। ऐसे ही एक मौके पर स्टेडमैन ने मुझसे कहा था, "जब तुम बात करना नहीं चाहतीं तो बार-बार फोन क्यों उठा लेती हो?" मेरे दिमाग में बत्ती जली, सिर्फ इसलिए कि फोन की घंटी बज रही है, इसका मतलब यह नहीं कि मुझे बात करनी ही पड़ेगी। अपने समय के साथ मैं क्या करती हूँ, उसे मैं नियंत्रित से बाहर लगे। अपने समय को संरक्षण दीजिए। वह आपका अपना समय है।

□

बहुत बार हम केवल सर्वोत्तम चीजें हासिल करने का आग्रह करते हैं, क्योंकि अपने लिए एक गुणवत्तापूर्ण जीवन सुनिश्चित करने का एकमात्र तरीका यही है। किन्हीं दूसरे मामलों में मैं भले ही अपने आपकी उपेक्षा करूँ, पर जब मेरे पास सर्वोत्तम कलाई घड़ी या पॉकेट बुक या कार या बँगला होता है तो मैं खुद से कह सकती हूँ कि मैं सर्वोत्तम हूँ और जीवन में इससे भी ज्यादा सर्वोत्तम चीजें पाने की हकदार हूँ।

पर एक बात मैं निश्चित तौर पर जानती हूँ, सर्वोत्तम वस्तुओं का स्वामी होना सर्वोत्तम जीवन जीने का स्थान नहीं ले सकता। जब आप ज्यादा-से-ज्यादा हासिल करने की इच्छा का त्याग कर देते हैं, आप जानते हैं कि आप एक उच्चतर मुकाम की ओर अग्रसर हैं।

□

मैंने कभी सोचा न था कि मैं स्वयं को यह कहते सुनूँगी कि मुझे वजन उठाने में मजा आने लगा है। मांसपेशियों को कठोर कवायदों से गुजारने के बाद मैं अपने भीतर शक्ति और अनुशासन के बोध से खिल उठती हूँ। इससे भी बढ़िया यह है कि भारोत्तोलन ने जिंदगी के बारे में मुझे कुछ सिखाया है।

इस संबंध में मैंने तरह-तरह की समय-सूचियाँ आजमाई हैं। हर रोज, एक दिन छोड़कर, दो दिन वजन उठाना, फिर एक दिन छुट्टी रखना। हर रोज वजन उठाना सबसे कम प्रभावी था; लगातार वजन उठाने से मांसपेशियों के ऊतकों में टूट-फूट होने लगती है। मन और हौसले के साथ ही सच यही है। अपने आपको पुनर्शक्तीकरण का अवसर दिए बिना आप अपने जीवन के सभी संबंधित तंतुओं को तोड़ने लगते हैं।

लगातार काम करना तनाव पैदा करता है। आपको विश्राम के क्षणों की जरूरत होती है। एक बार मैंने अपने सहायक से कहा कि सिर्फ इसलिए कि दो कार्यों के बीच मेरे पास दस मिनट का फालतू समय है तो इसका मतलब यह नहीं कि मैं उन खाली लमहों को भरना चाहती हूँ।

''चलो, हम उसका अभ्यास करें, जो मेरा दर्शन सिखाता है।'' मैंने कहा। उसका अर्थ है—धीमी गहरी साँसें लेना और छोड़ना मेरी दिनचर्या का अंग बन जाए।

इसलिए मैंने छोटी अवधियों में ध्यान—ऐसे क्षण, जिनमें कम-से-कम दस मिनट तक मैं कुछ नहीं करती, अब करना शुरू कर दिया। कभी-कभी मैं बस अपने कुत्ते के पेट पर हाथ फिराती हूँ या एक गेंद उछाल देती हूँ,

जिसे वह मुँह में दबाकर वापस ले आता है या थोड़ा उछाल देती हूँ, जिसे वह मुँह में दबाकर वापस ले आता है या थोड़ा टहल लेती हूँ या अपनी डेस्क पर निश्चल बैठी रहती हूँ। इससे कमाल के नतीजे आते हैं। जब-जब मैं अपने आपको ऐसे छोटे-छोटे ब्रेक देती हूँ, मैं पाती हूँ कि मुझमें ज्यादा ऊर्जा आ गई है और बाद में आनेवाले कमरतोड़ कार्यों को निपटाने के लिए बेहतर मूड में हूँ।

मैं निश्चित तौर पर जानती हूँ कि थोड़ा सा पुनर्भरण भारी लाभ पहुँचाता है। अपने आपको उतना सा समय देकर मेरे मन में जरा भी अपराध-भाव नहीं आता। मैं अपनी टंकी दोबारा भर रही हूँ, ताकि जब काम का अगला चरण शुरू हो, मैं जो काम सामने आए, उसे करने के लिए तैयार और तत्पर हो सकूँ—टंकी पूरी भरकर।

□

मैं समझती थी कि मैं जानती थी कि व्यायाम क्यों जरूरी है—अतिरिक्त चरबी से बचने के लिए, परंतु वर्ष 2005 में जोहांसबर्ग की यात्रा से पहले तक मैं उसका वास्तविक कारण नहीं जानती थी। मैं 'लीडरशिप अकादमी फॉर गर्ल्स', वह स्कूल, जिसे मैं बनवा रही थी, के दौरे पर थी और जानती थी कि मेरी कार्यसूची काफी लंबी थी। मेरा विमान रात देर से पहुँचा था, इसलिए अगली सुबह 7 बजे उठकर व्यायाम करने का मेरा मन नहीं किया। उसके बजाय विश्राम की कमी पूरी करने के लिए मैं एक अतिरिक्त घंटे तक बिस्तर पर ही रही। पहले दिन मेरा बहाना वह था। तीसरे दिन तक वह ट्रेडमिल से संबंधित हो गया था। मुझे वह मशीन पसंद नहीं आई थी। उसमें मेरे घुटनों को सहारा देने के लिए पर्याप्त कुशन नहीं था। तीन दिन व्यायाम न करने के बाद चुस्त-दुरुस्त रहने का मेरा संकल्प ढीला पड़ जाता है। अपने आपसे झूठ बोलना ज्यादा आसान है। मैं बहुत थकी हुई हूँ, बहुत व्यस्त हूँ, व्यायाम के लिए पर्याप्त समय नहीं है—ये सब इस मोरचे पर असफल रहने के अचूक उपाय हैं।

मेरे लिए ज्यादा दुर्भाग्यपूर्ण सच्चाई यह है कि व्यायाम को लेकर मेरा संकल्प सीधे-सीधे स्वास्थ्यवर्धक खान-पान के संकल्प से जुड़ा हुआ है—अगर एक चीज में लापरवाही होती है तो दूसरी में भी होगी। उस होटल का खाना मुझे पसंद नहीं था, इसलिए मैंने एक ऐसी डिश बनाने का विशेष अनुरोध किया, जिसे कोई भी बना सकता था—कुचले हुए आलू। होटल के रसोइयों को उसमें कोई समस्या नहीं थी। इसलिए वहाँ ठहरने की पूरी

अवधि—दस दिन में—हर रात मैं कुचले हुए आलू और ब्रेड खाती रही। मेरे लिए दस दिनों तक व्यायाम न करने और उन पर से चरबी बढ़ानेवाला खाना खाने का मतलब था—दस पौंड वजन बढ़ाना।

वजन बढ़ने से भी बदतर थी मेरी मनोदशा। पूरी तरह थकी हुई, सुस्त, अचानक मेरे शरीर में ऐसे-ऐसे दर्द और खिंचाव उठने लगे, जो मेरे लिए अजनबी थे।

अहा! अंततः वह सूत्र मेरे हाथ आ ही गया। जब आप अपने शरीर को पोषित और उसकी देखभाल करते हैं तो वह प्रतिदान देता है। आप चाहे इस बात को पसंद करें या न करें, ऐसे पोषण और देखभाल का आधार है व्यायाम। सबसे बड़ा लाभ है अधिक ऊर्जा, मोटापे पर नियंत्रण एक बोनस है। मैं पक्के तौर पर जानती हूँ कि हालात चाहे जैसे हों, अपने शरीर की देखभाल एक निवेश है और उसका रिटर्न अनमोल।

□

एकहार्ट टॉल की पुस्तक 'ए न्यू अर्थ' से मैंने जो बातें सीखी हैं, उनमें यह शामिल है—मेरा शरीर 'मैं' नहीं हूँ। टॉल के विचारों का गहराई से अध्ययन करने के बाद में चेतना या आत्मा या अंतरात्मा उस अमूर्त अस्तित्व, जो जैसे हम हैं वैसा होने का मूल तत्त्व है, को आप चाहे जो नाम दें, से जुड़ा हुआ महसूस करने लगी हूँ। मैंने अपने मोटी होने से नफरत करने और पतली होने की इच्छा में कितने साल जाया कर दिए, इस बारे में सोचा। मक्खन-मलाई से भरपूर मीठी ब्रेड खाकर खुद को अपराधी समझने, फिर कार्बोहाइड्रेट्स खाना बंद करने, फिर उपवास रखने, फिर डायरिंग (वह हमेशा सोमवार या छुट्टियों के बाद या किसी बड़े समारोह के बाद शुरू होती थी) जो दिल चाहे, खाने के इन्हीं चक्करों में उलझी रही हूँ। उन पसंदीदा पोशाकों के बारे में माथापच्ची करने कि वे फिट बैठेंगी या नहीं, वजन तौलनेवाली मशीन अब कौन सी संख्या बताएगी, इन्हीं बातों में वर्षों जाया हो गए। वह सारी ऊर्जा में जो है, उससे प्यार करने में खर्च कर सकती थी।

मैं कौन हूँ? आप कौन हैं? यह मैं पक्के तौर पर जानती हूँ कि हम अपने शरीर या उनके बारे में हमारे मन में जो छवि है, नहीं हैं। परंतु चूँकि आप जिस चीज के लिए चिंतित रहते हैं, वह बड़ी लगने लगती है और उस मामले में तो अक्षरशः अपने वजन पर इतना अधिक केंद्रित करने से मैं और मोटी हो गई। मैं अपने जीवन के किसी भी चरण में अपनी तसवीर देखूँ तो सबसे पहली बात मेरे मन में आएगी, वह उस समारोह या उस अनुभव से संबंधित नहीं होगी, बल्कि मेरे वजन और आकार से संबंधित होगी; क्योंकि

मैंने खुद को उसी नजर से देखा (और परखा) है। ओह, समय की कैसी बरबादी हुई है!

मैंने वजन बतानेवाली मशीन पर चढ़ना बंद कर दिया है। अब मेरा वजन तय नहीं करेगा कि मैं अपने आपको क्या और एक अच्छे दिन की हकदार समझती हूँ या नहीं। अब मैं देख सकती थी कि उस ग्रंथि ने मुझे कितना सतही और छोटा बना दिया था। लगता, जैसे मेरा अपना शरीर नहीं है और निश्चित रूप से आप अपने तन के प्रतिरूप भी नहीं हैं।

□

मैं कोशिश करती हूँ कि वक्त जाया न करूँ, क्योंकि मैं अपने आपको जाया करना नहीं चाहती। मैं इस पर काम कर रही हूँ कि नकारात्मक ऊर्जावाले व्यक्ति इस धरती पर मेरा एक मिनट भी न ले पाएँ। घंटों समय, अर्थात् स्वयं को जाया करने की बड़ी कीमत पर मैंने यह सबक सीखा है। मैंने लोगों की लच्छेदार, किंतु मूलत: स्वार्थपरक बातों के जाल में फँसकर यह सीखा है कि उनके भीतर का अँधेरा आपका अपना प्रकाश छीन लेता है—वह प्रकाश, जो खुद आपको और दूसरों को आलोकित करने के लिए था। मैं निश्चित तौर पर जानती हूँ कि आप अपना समय किस तरह बिताते हैं, यह खुद आपको परिभाषित करता है। और मैं अपने प्रकाश से हाथ धोना नहीं चाहती।

□

हाँ, मैं खुलकर स्वीकार करती हूँ कि मेरे पास ढेरों जूते हैं। मेरे पास जींस, ब्लैक स्कर्ट्स, साइज 8 से इलास्टिक तक भंडार है। इनके साथ टैंक टॉप्स, टी-शर्ट्स और स्वेटर्स। दूसरे शब्दों में इतनी सारी चीजों को मैनेज करना समस्याएँ खड़ी करता है। मैंने अपने आपसे यह सवाल पूछना शुरू कर दिया है—क्या ये सारी चीजें खुशी, सुंदरता और उपयोगिता बढ़ाती हैं या वे बोझ मात्र हैं?

मैंने केवल उतनी ही चीजें रखने का फैसला किया है, जो मुझे खुशी देती हों और मेरे हित में हों। सांगठनिक विशेषज्ञ पीटर वाल्श अपनी पुस्तक 'एनफ ऑलरेडी' में कहते हैं कि "हमारे घर वस्तुओं से अँटे पड़े हैं और हमारे जीवन उन वस्तुओं के बारे में किए गए झूठे वादों के कूड़े से भरे हुए हैं।···हम जो चाहते हैं, वह सब खरीद कर अपनी इच्छित जीवन-शैली हासिल करने की उम्मीद करते हैं।···परंतु ज्यादा-से-ज्यादा चीजें खरीदकर वह सपनों का जीवन हासिल करने की जद्दोजहद हमें एक अंधी गली में ले जाती है।"

इतना तो मैं जानती हूँ : ज्यादा चीजें आपको ज्यादा जीवंत महसूस नहीं करातीं। और अधिक जीवंत अनुभव करना स्वयं में परिपूर्णता लाने का एक भाग है। हम सब इस धरती पर इसीलिए आए हैं।

एक-एक चीज, जो बड़े शौक से खरीदी गई थी, इकट्ठा होकर भारी बोझ बन जाती है। हालाँकि हम जानते हैं कि उनमें से बहुत सी चीजों से छुटकारा पाना जरूरी है, पर ऐसा करना आसान नहीं होता। मैं कहती हूँ कि पुरानी चीजों को निकालने से ही तो नई चीजों के लिए स्थान बनेगा। यह बात सिर्फ

जूतों पर नहीं, हर चीज पर लागू होती है। घर को साफ रखना शब्दशः और आलंकारिक दोनों तरह से ताजेपन का बटन दबाने का एक उत्तम उपाय है।

जिंदगी पर से सामान का बोझ उतार फेंकने के कई तरह के उपाय हैं और उनका संबंध सिर्फ जूते दान करने से नहीं है।

अपने उन फैसलों से छुटकारा पाइए, जो आपको अपना ध्यान रखने, अपने मूल्यों और आत्मसम्मान को कायम रखने में बाधा पहुँचाते हों।

अपने आपसे पूछिए कि क्या आपके जीवन में आए लोग आपको ऊर्जा प्रदान करते और आपके व्यक्तिगत विकास को प्रोत्साहित करते हैं या अपनी संकुचित और दकियानूसी सोच से आपकी प्रगति अवरुद्ध करते हैं। अगर वे आपको एक स्नेही, खुले, स्वतंत्र और सहज व्यक्ति बने रहने में सहायक होते हैं, तब तो ठीक, वरना उन्हें गुडबाय कह दीजिए।

गत्यावरोधकारी शक्तियों पर रोक लगाई।

कार्यस्थल पर, तमाम कार्यों को अर्जेंसी के आधार पर क्रम देकर अपने कार्यभार को संतुलित बनाएँ और उपने कार्य को दूसरों के लिए स्फूर्ति व प्रेरणादायक, सहयोगात्मक और उन्नतिकारक बनाएँ।

मुझे भावी उड़ानों के लिए छरहरी और चपल बने रहना है, इसलिए मैं अपने पंखों से धूल झाड़ देती हूँ। मैं निश्चित तौर पर जानती हूँ कि ऐसा करना मेरी भावी उड़ानों को और आसान बना देगा। पहले ही वह सामान बेतहाशा जमा हो गया है, जो हमारी विशिष्ट मौलिक प्रतिभा को उभारने में बाधक है। जैसे-जैसे आप वह बनते चले जाते हैं, जो नियति आपको बनाना चाहती है, अनावश्यक सामान के बोझ को उतार फेंकने की प्रक्रिया विकसित होती जाती है।

और बहुत सारे जूतों को अलविदा कहना एक बढ़िया शुरुआत है। □

शक्ति

"जब आप बेहतर जानते हैं, बेहतर करते हैं।"

—माया एंजेलो

मैं जब पॉल साइमन का गीत 'बॉर्न एट द राइट टाइम' सुनती हूँ तो मैं सोचती हूँ कि वह मेरे बारे में गा रहे हैं। मैं इस दुनिया में सन् 1954 में मिसीसिपी अकारण मार-काट के लिए संघ के सबसे बदनाम राज्य में एक ऐसे समय में आई थी, जब अपने काम से सड़क से गुजर रहा कोई अश्वेत व्यक्ति किसी गोरे आदमी के आक्षेप या मनमानी का शिकार बन सकता था। एक ऐसे समय में, जब एक 'अच्छी नौकरी' का मतलब था—एक सौम्य श्वेत परिवार के लिए काम करना, जो कम-से-कम आपके मुँह पर आपको 'निग्गर' कहकर न पुकारता हो। एक समय जब जिम क्रो की तूती बोलती थी, समाज खाँचों में बँटा हुआ था और अश्वेत शिक्षक, जो खुद मुश्किल से पढ़े-लिखे थे, गोरों के स्कूलों में बेकार हो गई फटी-पुरानी पुस्तकों से पढ़ाने के लिए बाध्य थे।

फिर भी, जिस वर्ष मैं पैदा हुई थी, बदलाव का एक मौसम शुरू हो गया था। सन् 1954 में 'ब्राउन बनाम बोर्ड ऑफ एजुकेशन' केस में सुप्रीम कोर्ट ने निर्णय दिया था कि अश्वेतों को समान शिक्षा का अधिकार था। उस फैसले ने उम्मीद जगाई थी कि अश्वेत लोगों का जीवन हर जगह बेहतर हो सकता था।

मेरा हमेशा से विश्वास रहा है कि मन-मरजी से सोचना, बोलना और करना एक व्यक्ति का जन्मसिद्ध अधिकार है—ब्रह्मांड द्वारा हमारे लिए बनाई गई डिजाइन का एक भाग। और मैं जानती हूँ कि प्रत्येक आत्मा मुक्त होना चाहती है। सन् 1997 में, जहाँ मैं फिल्म 'बीलव्ड' में सेथे की भूमिका निभाने की तैयारी कर रही थी, मैंने भूमिगत रेलवे से एक यात्रा आयोजित की

थी। मैं जानना चाहती थी कि एक गुलाम के लिए उत्तरी अमेरिका की खुली हवा में साँस लेना कैसा लगता है, जहाँ एक आधारभूत स्तर पर स्वतंत्र होने का अर्थ है—ऐसे किसी मालिक का न होना, जो आपको आदेश दे की क्या करना है। परंतु जब मुझे सोचना पड़ता था कि अगला 'सुरक्षित घर' कौन सा होगा, तब मुझे पहली बार समझ में आया कि स्वतंत्रता एक स्वामी का न होना नहीं है। स्वतंत्रता का अर्थ है—विकल्प उपलब्ध होना।

फिल्म 'बीलव्ड' में सेथे बताती है कि स्वतंत्रता के लिए लंबा और कठिन सफर कैसा था—"ऐसा लगता था, जैसे वहाँ पहुँचने पर मैं अपने बच्चों से और ज्यादा प्यार करने लगी हूँ।" वह कहती है। "और संभवत: जब तक हम केंटुकी में थे।···वे मेरे बच्चे नहीं थे, जिनसे मैं प्यार करती थी।···कभी-कभी मैं अपने बच्चों को इस तरह ठहाके मारकर हँसते हुए सुनती हूँ, जैसा पहले कभी नहीं सुना था। पहले तो मैं डरी; डरी इसलिए कि उनके इस तरह हँसने की आवाज सुनकर कोई गोरा पागल न हो जाए। फिर मुझे याद आया कि वे एक ऐसी दुनिया में हैं, जहाँ अगर वे इतना ज्यादा हँसे कि उनके पैर में बल पड़ने लगे तो सारे दिन में वह उनका एकमात्र दर्द होगा।" वह यह भी कहती है, "(यहाँ) मैं सुबह उठकर यह तय करती हूँ कि आज मुझे क्या करना है।" कल्पना कर सकते हो, 'मैं तय कर रही हूँ।'

शूटिंग के दौरान वे लाइनें मैंने कई बाई दोहराईं—उनके अर्थ और महत्त्व को शिद्दत से महसूस करते हुए। उसके बाद वर्षों तक, और अब भी, सेथे के शब्द मेरे कानों में गूँजते रहे हैं—हर रोज मैं उनका आनंद लेती हूँ। कभी-कभी तो बिस्तर छोड़ने से पहले वे मेरे सबसे पहले विचार होते हैं। अब मैं सुबह उठकर खुद तय कर सकती हूँ कि आज मुझे क्या करना है। कल्पना करें, यह 'मैं' तय कर रही हूँ। ईश्वर का कितना सुंदर उपहार है!

यह मैं निश्चित तौर पर जानती हूँ कि हम सबको ऐसे उपहार को सीने से लगाए रखना चाहिए, उसे एक मिली हुई चीज मानकर उससे उदासीन होने के बजाय हमेशा उसका आनंद लेना चाहिए। दुनिया भर में हो रहे अत्याचारों

की सैकड़ों कहानियाँ सुनने के बाद मैं जानती हूँ कि अगर आप अमेरिका में जनमी एक महिला हैं तो आप दुनिया की सबसे भाग्यवान् महिलाओं से एक हैं। अपनी खुशकिस्मती का लाभ उठाएँ और अपने जीवन को उसके उच्चतम मुकाम पर ले जाएँ। यह समझने का प्रयास करें कि अपना मार्ग चुनने का आपका अधिकार एक पवित्र विशेषाधिकार है। उसका उपयोग करें। संभावित लक्ष्य पर निरंतर नजर रखें।

□

मैं हमेशा से घरघुस्सू रही हूँ। मैं जानती हूँ कि मेरी अति व्यस्तता को देखते हुए इस पर विश्वास करना कठिन है, पर आम तौर पर मैं काम खत्म करके सीधे घर जाती हूँ। 7.00 बजे से पहले डिनर लेकर 9.30 बजे तक रजाई में घुस जाती हूँ। यहाँ तक कि सप्ताहांतों में भी घर मेरा प्रिय मनोरंजन स्थल है। चूँकि मेरा अधिकांश वयस्क जीवन सार्वजनिक क्षेत्र में रहा है, मेरे लिए यह महत्त्वपूर्ण है कि मैं अपने लिए एक निजी कोने की व्यवस्था करूँ—एक शरण-स्थल, एक सुरक्षित घर।

वर्षों पहले गोल्डी हॉन ने मुझे बताया था कि उन्होंने अपने घर में होनेवाली बातचीत को निंदा-मुक्त रखने की घोषणा करके उसे स्वर्ग जैसा बना लिया था। मौखिक हिंसा को खत्म करने के लिए चलाए जा रहे राष्ट्रीय अभियान 'वर्ड्स कैन हील' के लिए काम करने के एक भाग के रूप में उन्होंने और उनके परिवार ने दूसरों को छोटा साबित करने और उनकी प्रतिष्ठा को हानि पहुँचानेवाले शब्दों को प्रोत्साहनकारी और निर्माणकारी शब्दों से प्रतिस्थापित करने के काम में खुद को समर्पित कर दिया था। दूसरों को ऊँचा उठानेवाली भाषा के उपयोग के चयन ने उन्हें उस सत्य की लाइन में ला खड़ा किया था, जो माया एंजेलो ने मुझे इस तरह से संप्रेषित किया था "मैं इस बात की कायल हूँ कि नकारात्मकता में शक्ति है और अगर आप उसे अपने घर, मन, अपने जीवन में टिकने देंगे तो वह आप पर कब्जा कर लेगी।" उसने कहा, "वे नकारात्मक शब्द आपकी अलमारियों और दूसरे फर्नीचर में घुस जाते हैं और अगली चीज आप यह जानती हैं कि वे आपकी त्वचा में भी घुस गए

हैं। एक नकारात्मक बयान जहर है।''

मैं अपने अनुभव से जानती हूँ कि नकारात्मक शब्द कितनी गहरी चोट पहुँचानेवाले हो सकते हैं। मेरे कॅरिअर के शुरुआती दिनों में जब समाचार-पत्रिकाओं ने मेरे बारे में झूठी बातें छापनी शुरू कर दी थीं तो मैं कितनी टूट गई थी। मैं इस बात पर तड़प उठती थी कि मुझे कितना गलत समझा गया है। और इस बात की चिंता में मैंने बहुत सारी ऊर्जा खर्च कर दी थी कि कहीं लोग इन झूठी बातों को सच तो नहीं समझ लेंगे। मेरा मन करता था कि जिन-जिन ने मुझे बदनाम किया था, उन्हें एक-एक करके फोन लगाऊँ और अपने बचाव में बात करूँ।

यह उससे पहले की बात है, जब मुझे निश्चित रूप से समझ आ गया था कि जब कोई व्यक्ति आपके बारे में झूठी बातें फैलाता है तो वे कभी भी आपके बारे में नहीं होतीं। पर निंदा, चाहे वह एक राष्ट्रव्यापी अफवाह के रूप में हो या दोस्तों के बीच गपशप के रूप में, उन व्यक्तियों में असुरक्षा का भाव दरशाती है, जो उसे शुरू करते हैं। अकसर जब हम किसी के पीठ पीछे उसकी बुराई करते हैं तो इसलिए कि हम सशक्त महसूस करना चाहते हैं और आम तौर पर ऐसा इसलिए होता है कि हम कहीं-न-कहीं अपने आपको अशक्त, अयोग्य और स्पष्ट बोलने की हिम्मत न रखनेवाला व्यक्ति महसूस करते हैं।

पर-निंदा हमको और जिसके सामने हम वह कर रहे हैं, दोनों को यह संदेश देती है कि हम पर विश्वास नहीं किया जा सकता। अगर कोई व्यक्ति किसी 'मित्र' की प्रतिष्ठा को धूल में मिलाने के लिए तैयार है तो वह किसी दूसरे मित्र की निंदा के लिए क्यों तैयार नहीं होगा? पर-निंदा का अर्थ है—हमने अपने आप में इतनी हिम्मत पैदा नहीं की है कि जिससे हमें कुछ शिकायत है, उससे उस विषय में सीधे बात कर सकें, इसलिए हम उसे दूसरों के सामने छोटा बनाने की कोशिश करते हैं। नाटककार जूल्स फीफर इसे लघु हत्याएँ कहती हैं। पर-निंदा एक कायर द्वारा किसी की हत्या का प्रयास है।

हम एक ऐसी संस्कृति में रहते हैं, जो पर-निंदा रस का छककर मजा लेती है, कौन क्या पहन रही है, कौन किसके साथ डेट पर जा रही है, ताजा सेक्स स्कैंडल में कौन फँसी हुई है। अगर हम अपने घरों, अपने संबंधों, अपनी जिंदगियों को निंदा-मुक्त क्षेत्र घोषित कर दें तो क्या होगा? हम संभवत: चकित रह जाएँगे कि हमने वह काम करने के लिए, जो सबसे महत्त्वपूर्ण है, दूसरों के सपने तोड़ने के बजाय अपने सपने साकार करना—हमने कितना समय बचा लिया है। हम अपने घरों को सच्चाई और प्रेम से इतना सराबोर कर देंगे कि आगंतुकों का मन करे कि वे अपने जूते उतार फेंकें और वहाँ कुछ देर ठहरें। और हम याद करें कि जहाँ शब्दों में विध्वंसक शक्ति होती है, वहीं उनमें जख्म भरने की भी शक्ति होती है।

□

कुछ लोगों को शायद यह एक विडंबना लगे कि मैं टी.वी. देखने की बहुत शौकीन कभी नहीं रही हूँ। जिस रात मैरी टेलर मूर ने टी.वी. से विदा ली, तब से मैंने हलके-फुलके, भावुक सीरियल्स नियमित रूप से देखने बंद कर दिए। हाँ, जिस रात दिखाए जानेवाले समाचारों से बचती हूँ, क्योंकि सोने से ठीक पहले मैं वह सारी नकारात्मक ऊर्जा अपने भीतर नहीं लेना चाहती। छुट्टियों में मेरे बेडरूम में मुश्किल से ही टी.वी. सेट होता है। जिस दिन मैं रिमोट हाथ में लेकर बैठती भी हूँ, यह तय है कि मैं कम-से-कम एक शो तो ऐसा देख ही लूँगी, जिसमें महिलाओं का यौन शोषण और उनके साथ हिंसा दिखाई गई हो। टी.वी. पर अपने कॅरिअर के आरंभिक दिनों में मैं मनोरंजन के नाम पर अनजाने में गैर-जिम्मेदाराना शोज का हिस्सा होने की अपराधी थी। एक दिन मेरे स्टाफ और मैंने एक पति को बुक कर लिया, जो व्यभिचारी मंच पर उसकी पत्नी ने पहली बार सुना कि उसका पति विश्वासघाती था। वह एक ऐसा पल था, जिसे मैं कभी भूल नहीं पाई। उस स्त्री के चेहरे पर घोर अपमान और निराशा के भाव ने उसे उस स्थिति में ला खड़ा करने के लिए मुझे बहुत शर्मसार कर दिया थाा। मैंने तत्क्षण यह फैसला कर लिया था कि मैं दोबारा कभी ऐसे शो का हिस्सा नहीं बनूँगी, जो किसी व्यक्ति को नीचा गिराए या शर्मिंदा करे।

मैं निश्चित तौर पर जानती हूँ कि मीडिया द्वारा हमारे सामने जो कुछ परोसा जाता है, वह हम बन जाते हैं।

अगर हम घंटों-घंटों तक टी.वी. पर आनेवाले ऐसे बिंबों और संदेशों

को ग्रहण करते रहें, जो मानव का सकारात्मक पक्ष पेश न करते हों तो इसमें कोई आश्चर्य नहीं कि कोई चीज हमारे भीतर से जीवन-शक्ति को सीख लेगी। अगर हम हर हफ्ते टी.वी. पर दर्जनों हिंसक कार्यक्रम देखते रहें तो हमें कोई आश्चर्य नहीं होना चाहिए कि हमारे बच्चे अपने विवादों के समाधान में हिंसा को एक स्वीकार्य मार्ग के रूप में देखने लगें।

समाज में जो बदलाव आप देखना चाहते हैं, पहले वैसा खुद बनिए, यह मेरी दृढ धारणा है। किसी को छोटा साबित करने के बजाय उसे ऊँचा उठाएँ। ध्वंस करने की बजाय पुनर्निर्माण करें। किसी को गलत रास्ता बताने के बजाय सही रास्ता बताएँ, ताकि हम सभी एक उच्चतर धरातल पर खड़े हो सकें। □

मैं आपको अपने बचपन के एक क्लास रूम में चलती हूँ, जहाँ मि. हूमर अलजेब्रा का टेस्ट लेने वाले हैं और मैं डरी बैठी हूँ, तभी इंटरकॉम के जरिए घोषणा होती है कि हम सब ऑडिटोरियम पहुँच जाएँ, जहाँ एक विशिष्ट अतिथि वक्ता भाषण देने वाले हैं। यह सोचकर कि कम-से-कम आज के लिए अलजेब्रा की मुसीबत टल गई, मैंने मन-ही-मन कहा, 'हुर्रे, मैं बच गई।'

अपने सहपाठियों के साथ सिंगल फाइल में हॉल में दाखिल होने के समय अपना छुटकारा ही मेरे दिमाग में सबसे ऊपर है। एक और उपदेशात्मक भाषण से बोर होकर सो जाने की तैयारी करते हुए मैं अपनी सीट पर बैठ गई; परंतु जब वक्ता का परिचय नागरिक अधिकारों के लिए खड़े रहे नेता रेवरेंड जेस जैक्सन—जो उस दिन डॉ. मार्टिन लूथर किंग के साथ थे, जब उन्हें गोली मारी गई थी—के रूप में कराया गया तो मैं थोड़ा सीधे होकर बैठ गई। जो बात मैं तब तक भी नहीं जानती थी, यह थी कि मैं अपने जीवन का एक यादगार भाषण सुनने जा रही थी।

वह वर्ष 1969 था। चूँकि मैं 'ए' से लेकर 'बी' तक की रैंकिंग हासिल करती थी, मैं समझती थी कि मैं अपना सर्वोत्तम देने के महत्त्व के बारे में पहले से ही जानती थी। परंतु उस दिन रेवरेंड जैक्सन ने मेरे भीतर एक ऐसी आग पैदा कर दी, जिसने जिंदगी को देखने का मेरा नजरिया बदल दिय। उनका भाषण उन व्यक्तिगत बलिदानों के बारे में था, जो इससे निरपेक्ष कि हमारे पूर्वज यहाँ कैसे आए थे, हम सबके लिए दिए गए थे। उन्होंने उन नायकों के बारे में बताया, जिन्होंने वह मार्ग प्रशस्त किया था, जिस पर चलकर हम नैशविले स्थित इस

एकीकृत हाई स्कूल के रास्ते में बैठे थे। रेवरेंड ने कहा कि हम (विद्यार्थियों) पर खुद का ही एक कर्ज है, जिसे हमें उत्कृष्टता के रूप में चुकाना है।

"उत्कृष्टता ही नस्लवाद का सर्वोत्तम निरोधक उपाय है।" उन्होंने कहा, "इसलिए, उत्कृष्ट बनो।"

मैंने वे शब्द गाँठ बाँध लिये। उस शाम घर पहुँचकर मैंने मकानों के नक्शे का एक मोटा कागज खोजा, उसका एक छोटा सा हिस्सा काटकर रेवरेंड जैक्सन की चुनौती का एक पोस्टर बनाया। फिर उस पोस्टर को अपने आईने पर चिपका दिया, जो मेरी कॉलेज की शिक्षा समाप्त होने तक वही बना रहा। समय बीतने के साथ मैंने उसमें कुछ अपने सूत्र भी जोड़ दिए—"अगर आप सफल होना चाहते हैं तो उत्कृष्ट बनिए।"

"अगर आप चाहते हैं कि दुनिया जो कुछ ऑफर कर सकती है, उसका सर्वोत्तम आपको मिले तो अपना सर्वोत्तम दुनिया को ऑफर करें।"

उन शब्दों ने कई बाधाएँ पार करने में मेरी मदद की है—तब भी, जब मैं अपना सर्वोत्तम नहीं दे पा रही थी। आज तक उत्कृष्ट मेरा संकल्प रहा है, दूसरों को देने में उत्कृष्ट—दयालुता में, प्रयासों में, संघर्षों में। मेरे लिए उत्कृष्ट होने का अर्थ होना अपना सर्वोत्तम करना है। डॉन मिगुल रूइज की पुस्तक 'द फोर एग्रीमेंट्स' में आखिरी करार बस इतना है—"हमेशा अपना सर्वोत्तम करें।" यह मैं निश्चित तौर पर जानती हूँ कि व्यक्तिगत स्वतंत्रता का सबसे संतुष्टिदायक मार्ग यही है।

"आपका सर्वोत्तम हर दिन एक जैसा नहीं रहेगा।" रुइज कहते हैं। "वह इस पर निर्भर करेगा कि उस दिन आप कैसा महसूस कर रहे थे। कोई बात नहीं। हर परिस्थिति में अपना सर्वोत्तम दे, ताकि आपके पास खुद को आँकने औंर अपने भीतर अपराध व शर्म का भाव पैदा करने का कोई कारण न रहे। इस तरह से जिएँ कि हर दिन की समाप्ति पर आप कह सकें, 'मैंने अपना सर्वोत्तम किया है।' अपना सर्वोत्तम जीवन जीने के महान् कार्य में उत्कृष्ट होने का अर्थ यही है।

☐

मेरे पिता ने मुझे इस तरह से पाला कि मेरे मन में यह बैठ जाए कि कर्जदार होना एक बहुत ही बुरी चीज है। हमारे घर में कर्जदार होना आलस्य और छिछोरापन जैसा चरित्रगत दोष माना जाता था। इसलिए जब मैं घर से दूर गई और एक साल के भीतर अपने ऊपर 1,800 डॉलर का कर्ज चढ़ा बैठी तो मैंने महसूस किया कि मैं असफल हो गई थी। मैंने अपने पिता को कभी नहीं बताया और न मुझमें उनसे उधार लेने की हिम्मत थी।

इसके बजाय मैंने 21 प्रतिशत ब्याज पर एक पुनर्निर्धारण ऋण लिया, बहुत सारे किशमिश का चोकर डिनर के रूप में खाया और एक सस्ती-से-सस्ती कार खरीदी, जिसकी लागत मैं वहन कर सकती थी। मैं उसे पहियों पर रखी बालटी कहती थी, परंतु जो मुझे कार्यस्थल तक ले जाती और वहाँ से वापस ले आती थी। अपनी आमदनी का 10 प्रतिशत मैं चर्च को धर्म शुल्क के रूप में देती और कपड़े साल में एक बार खरीदती थी।

मैंने 1,800 डॉलर का कर्ज चुका दिया और कसम खाई कि अब मैं जीवन में उधार कोई चीज नहीं खरीदूँगी। हैसियत से ज्यादा खर्च करने के अनुभव से मुझे नफरत हो गई थी।

मेरे पिता हर कीमती चीज—वाशिंग मशीन, रेफ्रिजरेटर के लिए पैसे बचाते थे। सन् 1976 में नैशविले स्थित मेरे घर छोड़ने से पहले तक उन्होंने नया टी.वी. नहीं खरीदा था। उन्होंने कहा, ''अभी पर्याप्त पैसे जमा नहीं हुए हैं।''

जब 'ओपरा विनफ्रे शो' राष्ट्रीय बन गया, मैंने पहली बार कोई चीज उन्हें खरीद कर दी—नकद भुगतान पर एक कलर टी.वी.।

क्यों कोई व्यक्ति कर्ज में डूबा रहना पसंद करता है, यह सवाल मेरे लिए हमेशा से एक पहेली रहा है। मैं उस जोड़े को कभी नहीं भूलूँगी, जो अपनी वित्तीय स्थिति पर चर्चा करने के लिए मेरे शो में आया था। उनकी शादी को केवल नौ महीने ही हुए थे; मगर बेतहाशा खर्चों के कारण उनके संबंधों का ढाँचा अभी से चरमराने लगा था। मेक्सिको के समुद्र-तट पर हुए उनके विवाह समारोह में बेतहाशा धन खर्च किया गया था। महँगे होटल रूम्स के साथ हुए कुछ अतिथियों के लिए स्पा ट्रीटमेंट का भी इंतजाम था। प्रीतिभोज में लोब्स्टर एवं फिलेट मिग्नॉन और एक खुला बार। उस शाही विवाह का दूसरा पक्ष था, लगभग 50,000 डॉलर के क्रेडिट कार्ड बिल्स। उस कर्ज में वे 9,000 डॉलर शामिल नहीं थे, जो पति ने अपनी बीमा कंपनी से एंगेजमेंट रिंग के लिए उधार लिये थे। एक स्वप्निल सप्ताहांत की चाह ने उन्हें वर्षों तक चलने वाले दुःस्वत्न की गोद में धकेल दिया था।

एक बात मैं निश्चित तौर पर जानती हूँ—जब आप यह देखने के बजाय कि खुश और परिपूर्ण महसूस करने के लिए आपको सचमुच किन चीजों की जरूरत है, स्वयं को उन चीजों से परिभाषित करते हैं, जिन्हें आप हासिल कर सकते हैं तो आप न केवल अपनी हैसियत से ज्यादा आडंबरपूर्ण जीवन जी रहे हैं, बल्कि एक झूठ को जी रहे हैं।

इसलिए बिलों के बोझ तले दबे रहना इतना डरावना है। आप अपने प्रति ही सच्चे नहीं बन पा रहे हैं। जब आप खुद को कर्ज-मुक्त कर लेते हैं तो उद्देश्यपूर्ण खरीदारी की शुरुआत होती है, उन चीजों से जीवन को समृद्ध जो सार्थक हों।

मैं अब भी कोई चीज खरीदने से पहले दो बार सोचती हूँ। जो चीजें मेरे पास पहले से हैं, यह नई चीज उनके साथ कैसे फिट बैठेगी? क्या मैं इसे क्षणिक आकर्षणवश खरीद रही हूँ? क्या इसका सचमुच उपयोग होगा या यह बस सुंदर है, इसलिए इसे मेरे पास होना चाहिए? बरसों पहले की एक घटना मुझे अब भी याद है, जब एक एंटीक स्टोर में भी और विक्रेता ने

मुझे अठारहवीं सदी की एक शानदार ड्रेसिंग टेबल, जिसमें आईने और छिपी हुई दराजें थीं, दिखाईं। उसकी पॉलिश में ऐसी चमक थी कि उसमें इस्तेमाल किया गया चेरीवुड जीवंत लगता था। मैंने उस आदमी से कहा, ''आप ही सही कह रहे हैं—यह खूबसूरत है और मैंने ऐसी ड्रेसिंग टेबल पहले कभी नहीं देखी; परंतु इतने अनोखे फीचर्सवाली ड्रेसिंग टेबल की मुझे सचमुच जरूरत नहीं है।'' चेहरे पर दंभ का भाव लिये उसने एक लंबी साँस लेते हुए कहा, ''मैडम, यहाँ कोई भी अपनी जरूरत की चीज नहीं लेता—यों तो खजाने हैं, जिनका आनंद लिया जाता है।''

''सचमुच। फिर तो मुझे जरूरतों वाले स्टोर की ओर रुख करना चाहिए।'' मैंने सोचा, ''क्योंकि मुझे सचमुच जिन चीजों की तलाश है, वे बुनियादी जरूरतों से संबंध रखती हैं। न केवल मुझे एक ड्रेसिंग टेबल की जरूरत नहीं है, उसे रखने के लिए मेरे पास जगह भी नहीं है।''

वैसे दुर्लभ चीजों का वह डीलर भी गलत नहीं था—कुछ चीजें सँजोकर रखने और खुद को विशिष्ट महसूस कराने के लिए होती हैं

पर एक बात मैं निश्चित तौर पर जानती हूँ कि आप हर उस चीज का ज्यादा आनंद लेते हैं, जब आपने उसके लिए अपनी हैसियत से ज्यादा खर्च न किया हो। आपने स्मार्ट शॉपिंग की है या नहीं, सबका पता आप यूँ लगा सकते हैं—आप कोई चीज खरीदकर घर लाते हैं। आपके मन में जरा भी पछतावा नहीं है और उस चीज को हासिल करने के दस दिन बाद आप उस दिन से ज्यादा संतुष्ट महसूस करते हैं, जिस दिन आपने उसे खरीदा था।

सन् 1988 में मैं टिफनी में चीनी के बरतनों के दो सेटों के बीच चुनने की कोशिश कर रही थी। मैं कभी एक को चुनती, कभी दूसरे को; अंततः मेरे साथ आई मित्र से रहा नहीं गया, ''तुम दोनों को ही खरीद क्यों नहीं लेतीं? तुम तो इतना खर्च कर सकती हो।'' मुझे अब भी याद है कि मैं सोच रही थी, ''ओ माय गॉड! ···मैं खरीद सकती हूँ। मैं दोनों खरीद सकती हूँ।'' मैं स्टोर में ही खुशी से उछलने लगी, जैसे मेरी लॉटरी लग गई हो।

उस दिन के बाद कई बार मेरा मन शॉपिंग के लिए ललचाया है; परंतु यह जानते हुए कि सभी अनुभवों में दिमाग से काम लेना जरूरी है, मैं अपने पैर मजबूती से धरती पर जमाए रखने की कोशिश करती हूँ। मैं अपने आपसे पूछती हूँ, "एक और पीला स्वेटर ले लूँ तो मैं क्या महसूस करूँगी?" अगर इसका जवाब कुछ नहीं है तो मैं उसे वापस रख दूँगी या किसी ऐसे व्यक्ति के लिए ले लूँगी, जो उसे देखकर खुशी से नाचने लगे (जैसे गेल, जो पीले रंग से इतना प्यार करती है, जैसे कोई चॉकलेट से करता हो)।

मुझे आशा है कि आप जिस तरह अपना धन खर्च करते हैं, वह आप कौन हैं और किन बातों को महत्त्व देते हैं, उससे सुसंगत हो। मैं आशा करती हूँ कि आपका पैसा आपके और आपके प्रियजनों के लिए खुशी लेकर आता है। और मुझे आशा है कि आप उसका उपयोग अपनी सर्वोत्तम मंशाओं को पूरा करने के लिए करते होंगे।

□

अपने जीवन के तीसरे दशक में मैं वाशिंगटन डी.सी. की एक प्रेयर ब्रेकफास्ट में शामिल हुई थी, जो नेशनल ब्लैक द्वारा प्रायोजित किया गया था। वहाँ मुझे क्लीवलैंड से आए एक बहुत ही प्रभावशाली धर्मोपदेशक को सुनने का सौभाग्य प्राप्त हुआ था—रेवरेंड ओटिस मॉस जूनियर, जो बाद में मेरे सलाहकार और मित्र बन गए थे।

उस दिन रेवरेंड मॉस ने एक कहानी सुनाई थी, जो मुझे आज तक याद है। उनके पिता, एक गरीब बँटाईदार, ने उसी तरह से दमन और अपमान की जिंदगी जीते हुए अपने परिवार का पालन-पोषण किया था, जैसे उनसे पहले की पीढ़ियाँ लंबे समय से झेलती आई थीं। परंतु अपने जीवन के छठे दशक में उन्हें अंततः वह करने का अवसर मिला, जो उनसे पहले की पीढ़ियों को कभी नहीं मिला था—एक चुनाव में वोट देना। चुनाववाले दिन वह तड़के सुबह सोकर उठे। अपना सबसे बढ़िया सूट, जिसे वह शादियों या मय्यत में ही पहनते थे, पहना और जॉर्जिया के नस्लवादी गवर्नर के खिलाफ और उदारवादी नेता के पक्ष में वोट देने के लिए मतदान स्थल की ओर चले। 6 मील पैदल चलकर जब वे वहाँ पहुँचे तो उन्हें बताया गया कि वे गलत जगह पर आ गए हैं और उन्हें दूसरी जगह भेज दिया गया। पाँच या छह मील और चलकर, इससे पहले कि उन्हे एक तीसरे मतदान स्थल पर भेज दिया जाता, उन्हें एक और इनकार का सामना करना पड़ा। जब वे गिरते-पड़ते तीसरे मतदान स्थल तक पहुँचे, चुनाव कर्मचारियों ने उनसे कहा, "बच्चे, आप थोड़ी देर से पहुँचे हैं—वोटिंग अभी-अभी बंद हुई है।" 18 मील से ज्यादा

का रास्ता तय करते हुए सारा दिन चलने के बाद वोट देने का आनंद अनुभव किए बिना थककर चूर और निराश वे घर वापस लौटे।

ओटिस मॉस सीनियर उन सबको यह कहानी सुनाते, जो सुनने को तैयार थे और वोट डालने के अगले अवसर की उम्मीद में जीते रहे। पर अगले चुनाव से पहले ही उनकी मृत्यु हो गई। उन्हें अपना पसंदीदा उम्मीदवार चुनने का मौका कभी नहीं मिला। इसलिए मैं अब वोट देता हूँ। और हर बार जब मैं वोट देता हूँ, मैं न केवल अपने लिए उम्मीदवार चुनता हूँ, बल्कि ऑटिस मॉस सीनियर और उन अनगिनत लोगों के लिए भी चुनता हूँ, जो वोट डालना चाहते थे, पर डाल नहीं पाए थे। मैं उन सबके लिए वोट डालता हूँ, जो मुझसे पहले दुनिया में आए थे और जिन्होंने इस विशेषाधिकार के लिए अपनी सारी ऊर्जा झोंक दी थी, ताकि आप और मैं मिलकर ऐसी शक्ति बन जाएँ, जो देश की राजनीति को एक दिशा दे सके।

सन् 1851 में एक्रन में आयोजित महिला अधिकार सम्मेलन में बोलते हुए सॉजा ट्रुथ ने कहा, ''अगर पहली महिला ईश्वर (देवी) इतनी शक्तिशाली थीं कि वे अकेले ही दुनिया को उलटा कर सकती थीं तो इतनी सारी महिलाओं को दुनिया को सीधा करने और उसका सही भाग ऊपर करने में सक्षम होना चाहिए।'' अगर स्त्रियाँ एक भारी संख्या में निर्वाचन प्रक्रिया में भाग लेती हैं तो समाज में आश्चर्यजनक बदलाव देखने को मिलेंगे।

वोटिंग से संबंधित हालिया आँकड़े नारी-विषयक हमारी विरासत के प्रति अनादरपूर्ण और परेशान करनेवाले हैं—हर उस नारी के लिए, जिसकी कोई आवाज नहीं थी, पर जिसे उम्मीद थी कि एक दिन उसकी बेटियों की आवाज सुनी जाएगी। वर्ष 2008 में वोट देने की पात्र कुल महिलाओं में केवल दो-तिहाई ने वोट देने की जहमत उठाई। और याद रखें कि वर्ष 2000 के राष्ट्रपति चुनाव का फैसला केवल 537 वोटों के अंतर से हुआ था। मैं पक्के तौर पर जानती हूँ—हमें अपने आपको और अपने पूर्वजों को पर्याप्त सम्मान देना चाहिए, अगर हम चाहती हैं कि समाज में हमारी कुछ हैसियत हो। □

हम एक ऐसे देश हैं, जो हमारे स्वास्थ्य बजट का 95 प्रतिशत बीमारियों के इलाज पर और 5 प्रतिशत से भी कम स्वस्थ बने रहने और बीमारियों की रोकथाम पर करता है। कितना एकतरफा है यह! यह ढर्रा बदलना जरूरी है। और बदलाव इससे शुरू होता है कि हम अपने आपको किस तरह देखते हैं—स्वास्थ्य प्रबंध के रूप में या बीमारियों का बोझ ढोनेवाले के रूप में।

पूर्णतः स्वस्थ होने का लक्षण है—पूरी गति से काम करने की शारीरिक, भावनात्मक और आत्मिक तीनों तरह की क्षमता। सचेत, जीवंत और दूसरों से जुड़ा रहना भी। और अगर आप अपने जीवन को एक सर्कल और उसके सभी पहलुओं (परिवार, वित्त, आपसी संबंध, पेशा इत्यादि) के उसके खंडों के रूप में देखें तो आप पाएँगे कि अगर उसका एक भाग ठीक से काम नहीं कर रहा है तो वह पूरे वृत्त को प्रभावित करेगा।

मेरे जीवन में ऐसे कई अवसर आए हैं, जब मैंने अपने काम पर बहुत ज्यादा जोर दिया है और अपना ध्यान रखने पर उतना नहीं। अपने व्यक्तित्व (अहं) की जरूरतों का ध्यान रखने और अपनी आत्मा के नैतिक सफर का ध्यान रखने में बहुत भारी अंतर है। उन दोनों में भेद करने से आप अपने जाया किए गए समय में काफी कमी ला सकते हैं। यह मैं निश्चित तौर पर जानती हूँ।

जीवन में जो कुछ करने के लिए आप भेजे गए हैं, वह करने के लिए अपने आपको अपने तन, मन और आत्मा के नजदीकी संपर्क में रहना होगा।

जब ये तीनों उस लक्ष्य को प्राप्त करने में जुट जाते हैं तो आपके लिए संभावनाओं के सारे द्वार खुल जाते हैं।

आपको यह निर्णय लेना है—जिस काम के लिए आपको यहाँ बुलाया गया था, उसमें जुट जाइए; जिंदगी के दिन पूरे न कीजिए। एक अमेरिकी महिला की औसत प्रत्याशित उम्र है 80 वर्ष। यह एक अनुमान है, वादा नहीं। आप जो कुछ आज करते हैं, उसी में से आपके कल का जन्म होता है।

उस परिपूर्ण जीवन, जो आपका इंतजार कर रहा है, को पाने के लिए आपको वास्तविक कार्य करने के लिए तैयार होना होगा। आपकी नौकरी नहीं। आपका कॅरिअर बनाने के लिए किए गए प्रयास नहीं; बल्कि अपनी आत्मा, जो अपनी सर्वोच्च आकांक्षाओं के लिए आपके कानों में फुसफुसा रही है, आवाज के अनुसार काम करना। कभी-कभी उसे सुनने के लिए आपको खामोश होना पड़ता है। और आप उसके अनुसार काम कर रहे हैं या नहीं, इसकी नियमित रूप से जाँच करनी पड़ती है। आपको अपने दिमाग को नए-नए विचारों की खुराक देनी होती है, जिससे नई संभावनाओं के द्वार खुलते हैं। (जब आप सीखना बंद कर देते हैं तो आपका विकास रुक जाता है और आप अवचेतन रूप से ब्रह्मांड को यह कह रहे होते हैं कि आप सबकुछ कर चुके हैं—अब नया करने के लिए कुछ नहीं है। तो फिर आप यहाँ हैं किसलिए?)

आप इस भ्रम में नहीं रह सकते कि आप अपने शरीर के साथ चाहे जैसा बरताव करें, वह हमेशा काम करता रहेगा। आपका शरीर गतिशील रहना चाहता है; उसे अच्छी खुराक की जरूरत है। अगर आप जीवन को एक रेस समझकर भाग रहे हैं तो आपको जीतना होगा। उसके लिए आपको थोड़ा धीमे चलकर शरीर को कुछ विश्राम देना होगा; क्योंकि सच तो यह है कि आप पहले ही जीत चुके हैं। अभी आप यही हैं। जीवन को सही राह पर लाने का एक अवसर और मिलेगा। बेहतर प्रयास कीजिए, इसी क्षण से शुरू करते हुए बेहतर प्रयास कीजिए, बेहतर बनिए।

□

बरसों पहले मेरे शो पर एक युवा माँ ने उसके बेटे को सुलाने से संबंधित उसने सारे घर को सिर पर उठा रखा था। वह अपनी नाँ के बेड पर सोना चाहता था; उसने अपने बिस्तर पर सोने से साफ इनकार कर दिया था। और जितना ही उसकी माँ आग्रह करती थी, बच्चे का विरोध उतना ही बढ़ता जाता था—चीखना, चिल्लाना, जब तक कि वह थककर बिस्तर पर गिर ही नहीं गया।

हमने उन दोनों के बीच चल रहे महाभारत का एक टेप दिखाया। पूरी फिल्म देखने के बाद हमारे विशेषज्ञ डॉ. स्टैनली टुरेकी ने जो कुछ कहा, उसे सुनकर मेरे रोंगटे खड़े हो गए, '' तीन साल का वह लड़का अपने बिस्तर में नहीं सोता था, इसका कारण यह था कि उसकी माँ यह फैसला नहीं कर पाई थी कि ऐसा ही होगा। अगर वह छड़ निश्चय करती तो वह बच्चा अपने बिस्तर पर सोने चला जाता। जब तक वह सो नहीं जाता, बच्चा चीखता-चिल्लाता जरूर, पर अंतत: वह समझ जाता कि उसकी माँ ने तय कर लिया है। मैं जानती हूँ कि डॉ. टुरेकी तीन साल के एक बच्चे के बारे में बात कर रहे थे, पर मैं यह भी निश्चित तौर पर जानती हूँ कि यह अद्‌भुत सलाह जीवन के कई अन्य पहलुओं पर भी लागू होती है। आपसी संबंधों, कॅरिअर के मामले में उठाए गए कदम, शरीर के वजन से जुड़े मुद्‌दे—हर चीज आपके फैसलों पर निर्भर है।''

जब आप किसी खास स्थिति में यह तय न कर पा रहे हों कि मैं अमुक कदम उठाऊँ या कोई और, तो मेरी सर्वोत्तम सलाह यह होगी कि जब तक

आपके मन में चीजें स्पष्ट न हो जाएँ, कुछ न करें।

दुनिया की आवाजें न सुनकर, शांत बैठकर अपने भीतर की आवाज सुनकर, शांत बैठकर अपने भीतर की आवाज सुन जाना (मन में) स्पष्टता जल्दी लाता है। एक बार आप तय कर लें कि आप चाहते क्या हैं, फिर उस निर्णय के प्रति प्रतिबद्ध हो जाएँ।

मेरे प्रिय उद्धरणों में से एक पर्वतारोही डब्ल्यू.एच. मरे का है—

"जब तक व्यक्ति किसी चीज के प्रति प्रतिबद्ध नहीं होता, हिचकिचाहट बनी रहती है, पीछे हट जाने की संभावना होती है और प्रयास प्रभावी नहीं हो पाता। किसी काम की पहल करने या कोई रचनात्मक कार्य आरंभ करने से पहले एक सीधी सी सच्चाई जान लें, जिसकी जानकारी न होने से अनगिनत विचार और शानदार योजनाएँ चौपट हो जाती हैं : कि जिस क्षण एक व्यक्ति किसी काम या चीज के लिए निश्चित रूप से प्रतिबद्ध हो जाता है, विधाता भी उसका साथ देने लगता है। उसकी मदद के लिए हर तरह की चीजें होने लगती हैं, जो अन्यथा नहीं होतीं। लिये गए निर्णय में से घटनाओं की एक धारा फूट पड़ती है—निर्णयकर्ता के पक्ष में हर तरह की अप्रत्याशित घटनाएँ, मुलाकातें होने और भौतिक सहायता, जिनके बारे में वह सपने में भी नहीं सोच सकता था, मिलने लगती हैं। गेटे की इन पंक्तियों के प्रति मेरे मन में गहरा आदर है—

'आप जो कुछ कर सकते हैं
या कर पाने का स्वप्न देखते हैं,
उसे शुरू कर दीजिए।
प्रतिभा, शक्ति, जादू
ये सब साहस की अनुचर हैं'।

कोई निर्णय लें और जीवन को छलाँग मारता देखें।

□

मैं हमेशा से 'सबसे शक्तिशाली लोगों' की सूचियों और जिस तरह से वे अपनी प्रसिद्धि, प्रतिष्ठा और धन-दौलत को हैंडल करते हैं, पर मुग्ध होती रही हूँ। यह विचित्र है कि कैसे कोई व्यक्ति एक साल उस सूची में शीर्ष पर रहकर अगली सूची से ही गायब हो जाता है—और यह सब बोर्ड की बैठक में हो जाता है। क्या उस व्यक्ति की शक्ति वास्तविक थी या उसकी पोजीशन की देन मात्र? हम अकसर दोनों को लेकर भ्रमित हो जाते हैं।

मैं जब प्रामाणिक शक्ति के बारे में सोचती हूँ तो उस शक्ति के बारे में सोचती हूँ, जो ध्येय और व्यक्तित्व के संगम, जो बृहत्तर कल्याण की ओर ले जाता है, से जन्म लेती है। मेरे लिए वास्तविक शक्ति वह है, जो आपके वास्तविक 'स्व' के मर्म में से आती है और जिस उद्‌देश्य के लिए आप इस जगत् में आए थे, उसे प्रतिबिंबित करती है। जब आप किसी व्यक्ति में इस तरह की शक्ति की चमक और गौरव देखते हैं तो वह अत्यंत सम्मोहक, प्रेरणादायक और उत्थानकारी लगती है।

इसका रहस्य है आपके यहाँ जन्म लेने के उद्‌देश्य और आपके प्रयासों में मेल, जब आप पक्के तौर पर जानते हैं कि आप अपनी आत्मा की मंशा, अपने दिल की इच्छा को पूरा करने के लिए वह सब कर रहे हैं, जो आपको करना चाहिए था। जब आपका जीवन अपने उद्‌देश्य की प्राप्ति के लिए सही मार्ग पर जा रहा है, आप अपनी शक्ति के शिखर पर होते हैं। और भले ही आप लड़खड़ाएँ, आप गिरेंगे नहीं।

□

कैट्रीना (तूफान) के हमले के पाँच दिनों बाद उसके विध्वंसक प्रभावों को अपनी आँखों से देखने के लिए मैं लूसियाना गई थी। माया एंजेलो ने उसे बहुत अच्छे से वर्णित किया था—''जमीन जल बन गई थी और जल खुद को भगवान् समझ रहा था।''

मैंने न्यू ऑर्लियंस स्थित सुपरडोम में दस मिनट से ज्यादा नहीं बिताए होंगे, जहाँ हजारों परिवार पाँच दिनों से टकटकी लगाए मदद का इंतजार कर रहे थे। कई दिनों बाद भी मुझे लगता था, जैसे मेरी नाक में मानव मल-मूत्र की बदबू, जिसमें सड़ते हुए मांस की भयंकर बदबू भी मिली हुई थी, अब तक घुसी हुई थी।

मैंने अपने टी.वी. कार्यक्रम में कहा, ''मैं समझती हूँ, हम सबको इस देश के उन परिवारों से माफी माँगनी चाहिए।''

अगले दिन गेल किंग, जो मेरी सबसे अच्छी मित्र होने के साथ-साथ (मेरी) 'ओ मैगजीन' की स्वतंत्र संपादक भी है, को एक क्रुद्ध पाठिका का फोन कॉल मिला, जिसके जरिए उसने मैगजीन का अपना सबस्क्रिप्शन रद्द करने के लिए कहा था, क्योंकि ''यह कहते हुए कि सरकार को उन लोगों से माफी माँगनी चाहिए। ओपरा अपनी औकात से बड़ी बात कर रही है।''

एक चीज, जो मैं पक्के तौर पर जानती हूँ कि प्रत्येक प्राकृतिक आपदा से हमें कई महत्त्वपूर्ण सबक सीखने चाहिए। सबसे बड़े सबकों में से एक यह है—जब तक हम 'हम और वे लोग' का गेम खेलते रहेंगे, हम देशवासियों, एक राष्ट्र, एक ग्रह के रूप में विकसित नहीं हो पाएँगे। कैट्रीना ने हमें खुले

दिल से जीने और अपनी संवेदना दरशाने का एक अवसर दिया है।

ऐसे अवसरों पर मैं बरसों से लोगों की यह पैटेंट टिप्पणी सुनती आई हूँ, "भगवान् क्यों होने देता है ?" एक और सबक—लोग भगवान् की करनी से दु:ख नहीं झेलते। हमारे दु:खों का कारण है, जो कुछ हम करते या नहीं करते हैं।

कैट्रीना के हमले के बाद जो कुछ हुआ, उसका एक बड़ा भाग मानव-निर्मित था। और जैसा हम सबने देखा, इसके उसके खिलाफ दोषारोपनणों की भरमार थी। परंतु उस तूफान ने हमें यह देखने का अवसर भी दिया कि निराशा, भय और असहायता के क्षणों में हममें से प्रत्येक पीड़िता के प्रति संवेदना दरशाते हुए वह सब करके, जो वह कर सकता था, आशा का चिराग बन सकता है। क्योंकि यह मैं पक्के तौर पर जानती हूँ कि 'वे लोग' कोई नहीं हैं—बस, एक 'हम' मौजूद हैं।

□

जनवरी 2009 में मैं 'ओ' मैगजीन के कवर पर दिखाई दी थी—मैं अपने दो रूपों में अगल-बगल में खड़ी थी, जो यह दरशाते थे कि मैं पहले कैसी थी और अब कैसी हूँ। पहले वाले रूप में मैं अच्छे शेप में थी। बाद वाले में मैं भारी-भरकम थी। मुझमें अपने उन फोरोज को दिखाने का आत्मविश्वास था, क्योंकि मैं जानती थी कि मैं अकेली नहीं थी। एक अनुमान के अनुसार 66 प्रतिशत अमेरिकी वयस्क या तो ज्यादा वजनवाले या मोटे हैं। और उनमें से शायद ही कोई उसे लेकर खुश हो।

उस मुखपृष्ठ ने भावनाओं का तूफान और समर्थन की बौछार पैदा कर दी। सबसे यादगार प्रतिसादों में से एक, एक मित्र से आया यह इ-मेल—मैं आपके वजन को इस तरह से देखती हूँ—हम सबकी पीड़ा को आपने अभिव्यक्त किया है। हम सब अपने जीवन के सर्वोत्तम भाग को जला रहे हैं। ''

मैंने उस तरह से पहले कभी नहीं सोचा था, पर वह सचमुच एक अच्छा क्षण था।

मेरा वजन एक चेतावनी सूचना था, एक भोंपू, जो अपने केंद्र से मेरे संबंध-विच्छेद के बारे में चिल्ला-चिल्लाकर बता रहा था।

जो चीज अब मैं निश्चित तौर पर जानती हूँ, वो यह है कि मेरे लिए वजन भोजन का नहीं, एक आध्यात्मिक मुद्दा है। मैरीन विलियम्सन ने मुझे यह इ-मेल भेजकर एक कच्ची रग को छू लिया था—"आपका वजन असल में आपके सर्वोत्तम जीवन का आमंत्रण है।"

चूँकि मैं अपने वजन को एक बाधा समझती थी, बरसों तक की गई

डाइटिंग को असफल होना ही था। अपने असंतुलित अस्तित्व और जिस तरह से मैं तथ्यों को दबाने के लिए भोजन का इस्तेमाल करती थी, उसकी ओर नजर करने के बजाय मैं अपने आपसे कहती थी कि मेरा वजन एक समस्या था।

एक बार बॉब ग्रीन के साथ मिलकर मैंने एक पुस्तक लिखी, जिसका नाम था 'मेक द कनेक्शन'। पुस्तक का शीर्षक उनका विचार था। पुस्तक का अपना हिस्सा, जिसमें मुझे अपने मोटापे (जब बॉब और मैं मिले थे, मेरा वजन 237 पौंड था) से संबंधित अपनी कुंठित डायरी प्रविष्टियों को पाठकों के साथ शेयर करना था, लिखते हुए भी मैं अकसर उनसे कहती थी, "जरा फिर से बताना, वह संपर्क क्या है?"

मैंने बॉब से यह जरूर सीखा कि मेरा अतिभोजन आलू के चिप्स का मसला नहीं था, जिसे ज्यादा खाने की मेरी लत को नियंत्रण में रखने के लिए छोड़ देना और यह पता लगाना कि वह कौन सी चीज थी, जो मुझे खा रही थी, जरूरी था। यह स्पष्ट था कि मैं उस लत को ज्यादा नियंत्रित नहीं कर पाई थी।

पर अब मैं जानती हूँ कि वह संपर्क है खुद अपने से जुड़ी हर चीज से प्यार करना, उसका आदर करना और उसे संरक्षण देना। बॉब ने अकसर मुझसे कहा है, "तुम्हारा वजन अंततः अपने आपको नाकारा समझने से जुड़ा हुआ है।" बरसों तक मैं उससे असहमत रही। मैं कहती, "सुनो बॉब ग्रीन, मैं उन लोगों में से नहीं हूँ, जो यह सोचते हैं कि जो कुछ उनके पास है, उसके पात्र नहीं हैं। मेरे पास जो कुछ है, उसके लिए मैंने कड़ी मेहनत की है।"

परंतु चूँकि मैं अपने वजन से जुड़े मुद्दे के स्थायी समाधान और प्रबंधन के लिए आध्यात्मिक मार्ग पर चल पड़ी हूँ, अब मैं देख सकती हूँ कि नाकारा होने का बोध कई शक्लों में आ सकता है।

तीन साल की उम्र से ही मैं अपेक्षा से अधिक उपलब्धियाँ हासिल करती रही हूँ। बरसों तक मैंने अपनी काबिलियत साबित करने की जरूरत महसूस करती रही। मैंने कड़ी मेहनत की। मुझे हमेशा 'ए' ग्रेड मिलते थे।

मैंने वक्तृता प्रतियोगिताएँ जीतीं, छात्रवृत्तियाँ पाईं। यह समझने से पहले मैं अपनी उम्र के चौथे दशक के मध्य तक पहुँच चुकी थी कि इस धरती पर जन्म लेना ही आपको दुनिया को मुट्ठी में करने का पात्र बना देता है। मुझे अब कुछ साबित नहीं करना था।

हम ज्यादा खानेवाले लोगों में से अधिकांश के लिए बढ़ी हुई चरबी चिंताएँ, कुंठाएँ और अवसाद लेकर आती हैं और ये सब उस भय तक ले जाते हैं, जिसे दूर करने के लिए हमने पर्याप्त प्रयास नहीं किए हैं। उस भय की प्रकृति को समझने और उससे निपटने के बजाय हम उसे और ज्यादा भोजन में डुबो देते हैं। हमारा फ्रिज हमें जो-जो व्यंजन पेश करता है, उनसे हम अपनी सारी चिंताओं को भुला देते हैं।

अगर आप इस भय पर काबू पा लें तो आप उड़ सकते हैं। यह एक और 'पक्की बात' है।

अपनी जिंदगी को ही आपको जगाने दें। आपकी चुनौतियाँ कुछ भी हों—अति भोजन, किसी वस्तु या गतिविधि से अत्यधिक लगाव, किसी रिश्ते का टूट जाना, धन-दौलत-हैसियत, उसे अपने बारे में पवित्रतम उद्घाटनों, अपने सर्वोत्तम जीवन के लिए एक आमंत्रण का खुला द्वार बन जाने दीजिए।

मुझे मुई के ऊपर से सूर्यास्त, जो आकाश को सुहाने रंगों से भर दे, उसका रूपांतरण कर देता है, देखना बहुत पसंद है। हम सांसारिक प्राणियों की तुलना में प्रकृति के लिए रूपांतरण करना बहुत आसान है।

□

एक मानव के रूप में विकसित होना जीवनपर्यंत खुदाई करते रहने जैसा है—आपके आंतरिक मुद्दों को उजागर करने के लिए गहरी खुदाई करना। कभी-कभी तो वह ऐसा लगता है, मानो एक फावड़ा लेकर किलीमंजारो की खुदाई की कोशिश करना। आपका फावड़ा बार-बार पत्थरों से टकराता है।

यद्यपि जो मैंने पता लगाया है, वो यह है—पत्थरों से छेड़छाड़ न की जाए तो वे टीलों, फिर पर्वतों में बदल जाते हैं। और दैनिक सफाई करना हमारा काम है—अपने काम में, अपने परिवार, अपने संबंधों, अपने वित्तीय और स्वास्थ्य संबंधी मामलों में।

यह पक्की बात है कि समस्याओं से मुँह फेरना आसान है, पर अगर हम उनके समाधान में छोटे-छोटे कदम भी उठाएँ तो अंततः वास्तविक 'स्व' को खोजने और उसकी मंशा जानने की हमारी यात्रा में वे एक बड़ी छलाँग बन सकते हैं।

एक व्यक्ति के रूप में आपकी अंतर्निहित क्षमता का पूरा उपयोग करना महज एक विचार से कहीं अधिक है। वह परम लक्ष्य है। हमारी अद्भुत क्षमताओं का मानव जाति के नाप-तौल क्या फैशन में है और क्या बाहर, कौन स्मार्ट है और कौन नहीं है, इनका लेखा-जोखा से कुछ लेना-देना नहीं है। मैं वास्तविक उपलब्धि की बात कर रही हूँ—किसके जीवन को आपने छुआ है? किससे आपने प्यार किया है और किसने बदले में आपको प्यार किया है?

यह बात, जो मैं निश्चित तौर पर जानती हूँ, महत्त्व रखती है। मेरे लिए यह एकमात्र लक्ष्य है, जिसे पाने में अपना सबकुछ झोंक देना चाहिए : चेतना का ऐसा रूपांतरण, जो मुझे इस बोध की ओर ले जाता है कि मैं किसी अन्य प्राणी से बेहतर या बदतर नहीं हूँ। मैं बस हूँ। □

तीसरी कक्षा में मैंने यह स्वर्णिम नियम सीखा था—दूसरों से वैसा ही बरताव कीजिए, जैसा आप चाहते हैं कि वे आपसे करें। मैं उन शब्दों को बहुत पसंद करती थी। मैंने उन्हें उन सब चीजों पर लिख दिया था, जो मेरे हाथ लगी थीं और उन्हें अपने बस्ते में लेकर घूमती थी।

मैं भले काम करनेवाली लड़की थी। एक समय तो मैंने एक धर्म-प्रचारक बनने के बारे में भी सोचा था। हर रविवार मैं चर्च जाती, दाहिनी ओर की दूसरी सीट पर बैठती, अपना नोट पैड निकालकर वह सबकुछ लिख लेती थी, जो पुरोहित कहते थे। अगले दिन स्कूल के खेल के मैदान में मैं उन उपदेशों का पाठ करती थी। मैं उसे सोमवार सुबह का सत्संग कहती थी। आठ साल के दूसरे बच्चे मुझे आता देखकर कहते, "देखो, वह उपदेशक आ रही है।" उन्हीं दिनों जब प्रोग्रेसिव मिशनरी बैप्टिस्ट चर्च कोस्टारिका के गरीब बच्चों के लिए धन इकट्ठा करने का प्रयास कर रहे थे, मैंने एक अभियान शुरू कर दिया था। मैं किसी अन्य छात्रा से अधिक धन-संग्रह करनेवाली थी। मैंने लंच के लिए मिले पैसे दान कर दिए थे और अपने सहपाठियों को भी ऐसा ही करने के लिए राजी कर लिया था। वह सब 'दूसरों से…' वाले सिद्धांत, जिसका मैं निष्ठापूर्वक पालन करती थी, का ही एक भाग था।

फिर, पाँचवीं कक्षा में कुछ समस्याओं से मेरा सामना हुआ। मेरी कक्षा में एक लड़की थी, जो मुझे पसंद नहीं करती थी, इसलिए पूरे स्कूल में घूम-घूमकर मैंने उसके बारे में बात की। मेरे एक मित्र ने मुझे बताया कि अगर मैं 'दूसरों से…' वाले सिद्धांत में विश्वास रखती थी और उस लड़की के बारे

में इस तरह की बातें कर रही थी तो इस बात की पूरी संभावना थी कि वह लड़की भी मेरे बारे में ऐसी ही बातें कर रही होगी। "मेरी बला से!" क्योंकि मैं उसे पसंद नहीं करती, बस।

एक लंबे समय तक मैं जब-जब ऐसा कुछ कहती या करती, जो मेरे विवेक को गवारा नहीं था, मैं अपने आपको उसे सही ठहराने की कोशिश करती। मैं यह नहीं समझती थी कि हमारे सभी कृत्य, अच्छे या बुरे, हम तक वापस आते हैं। परंतु अंततः मुझे समझ आ गया कि हम जो कुछ दुनिया को देते हैं, वही दुनिया से पाते हैं। मैं इसे भौतिक शास्त्र की गति के तीसरे नियम 'हर क्रिया की एक बराबर और विपरीत प्रतिक्रिया होती है' से समझती हूँ। यह उसी चीज का सार है, जिसे पूर्व के दार्शनिक 'कर्म' कहते हैं। उपन्यास 'द कलर पर्पल' की एक पात्र सेली अपने मिस्टर से कहती है, "जो-जो चीजें तुम मेरे साथ कर रहे हो, वे सब तुम्हारे साथ पहले ही हो चुकी हैं।"

आपके कृत्य आपके चारों ओर उसकी निश्चयात्मकता से घूमते हैं, जैसे सूर्य के चारों ओर पृथ्वी घूमती है।

इसलिए, जब लोग कहते हैं कि वे खुशी की तलाश में हैं तो मैं उनसे पूछती हूँ, "आप दुनिया को क्यों दे रहे हैं?" यह उस पत्नी की तरह है, जिसने मेरे शो में आकर बताया था कि वह समझ नहीं पा रही थी कि उसके पति के साथ उसके संबंध क्यों टूट गए थे। वह बार-बार कह रही थी, "वह मुझे कितना खुश रखता था कि अपने प्रभाव का कारण वह खुद ही थी। खुश कभी भी ऐसी चीजें नहीं होतीं, जो आपको दूसरों से मिलती हो। आप जो खुशी महसूस करते हैं, वह सीधे उस प्यार के अनुपात में होती है, जो आप दूसरों को दे सकते हैं।"

अगर आप अपने जीवन में कुछ कमी महसूस करते हैं या समझते हैं कि आपको वह नहीं मिल रहा, जिसके आप पात्र हैं तो याद रखें कि पीली ईंटोंवाली कोई सड़क नहीं है। आप जिंदगी को संचालित करते हैं; वह आपको संचालित नहीं करती।

अपने बच्चों के साथ कुछ अतिरिक्त समय बिताएँ और देखें कि आपके जीवन में कैसी बहार आती है। अपने दिल से अपने बॉस या सहकर्मी के प्रति खुन्नस निकाल दें और देखें कि बदले में क्या आता है। अपने आपसे और दूसरों से प्यार करें और देखें कि उसका कैसा प्रतिदान आता है। यह नियम हर बार काम करता है, चाहे उसके बारे में आप जानते हों या नहीं। वे छोटी-छोटी चीजें, बड़ी-बड़ी चीजों और सबसे बड़ी चीज में परिलक्षित होता है।

आज मैं अच्छे काम करने और जो सामने आए, उससे अच्छी तरह पेश आने की कोशिश करती हूँ। मैं यह सुनिश्चित करती हूँ कि मैं अपने जीवन का उपयोग सद्भावना के प्रसार के लिए करूँ; क्योंकि मैं निश्चित तौर पर जानती हूँ कि जो कुछ मैं सोचती हूँ, जो कुछ मैं कहती हूँ, जो करती हूँ—वह सब मेरे पास वापस आएगा। और यही आपके लिए भी सच है।

□□□